EXPLORATION AND PRACTICE OF THE TRAINING OF
RAIL TRANSIT TALENTS IN THE NEW SITUATION

PROCEEDINGS OF THE SECOND URBAN RAIL TRANSIT TEACHING SEMINAR

新形势下的
轨道交通人才培养探索与实践

第二届城市轨道交通教学研讨会
论文集

“第二届城市轨道交通教学研讨会”组委会　组织编写

人民交通出版社股份有限公司
北京

内 容 提 要

本论文集基于第二届城市轨道交通教学研讨会的研讨内容和成果编纂而成,共收录了25篇论文,主要包括轨道交通人才培养模式研究、专业建设及教学改革、教学组织和模式探索、工科课程思政教育、课程建设实例等内容。

本书可供高校交通运输、交通工程等城市轨道交通相关专业的教师阅读参考。

图书在版编目(CIP)数据

新形势下的轨道交通人才培养探索与实践:第二届城市轨道交通教学研讨会论文集/“第二届城市轨道交通教学研讨会”组委会组织编写. —北京:人民交通出版社股份有限公司,2021.3

ISBN 978-7-114-17113-0

Ⅰ.①新… Ⅱ.①新… Ⅲ.①城市铁路—轨道交通—专业人才—人才培养—中国—文集 Ⅳ.①U239.5-53

中国版本图书馆CIP数据核字(2021)第037450号

书　　名:**新形势下的轨道交通人才培养探索与实践**——第二届城市轨道交通教学研讨会论文集
著 作 者:“第二届城市轨道交通教学研讨会”组委会
责任编辑:吴燕伶
责任校对:赵媛媛
责任印制:张　凯
出版发行:人民交通出版社股份有限公司
地　　址:(100011)北京市朝阳区安定门外外馆斜街3号
网　　址:http://www.ccpcl.com.cn
销售电话:(010)59757973
总 经 销:人民交通出版社股份有限公司发行部
经　　销:各地新华书店
印　　刷:北京虎彩文化传播有限公司
开　　本:787×1092　1/16
印　　张:8.75
字　　数:201千
版　　次:2021年3月　第1版
印　　次:2021年3月　第1次印刷
书　　号:ISBN 978-7-114-17113-0
定　　价:58.00元

“第二届城市轨道交通教学研讨会”组委会

主　　任：

肖军华　同济大学交通运输工程学院副院长

曲　乐　人民交通出版社股份有限公司轨道与航空中心主任

委　　员(按姓氏拼音排序)：

陈姗姗　黄世泽　李　娜　李淑明　欧冬秀

施莉娟　施卫国　腾　靖　王　治　吴燕伶

朱世波　祝文君　朱　晔

主办单位：

人民交通出版社股份有限公司

同济大学交通运输工程学院

协办单位：

上海市轨道交通结构耐久与系统安全重点实验室

上海有轨电车工程技术研究中心

上海市交通工程学会轨道交通专业委员会

前　　言

随着国家对城市轨道交通系统建设发展与运营的日益重视，我国城市轨道交通已进入快速发展时期，建设、运营规模快速增长，新建轨道交通城市数量不断增加。教育部《关于深化本科教育教学改革 全面提高人才培养质量的意见》、卓越工程师教育计划2.0、一流专业与一流课程“双万计划”的提出，以及行业快速发展、技术不断更新的形势，对城市轨道交通的教学工作及人才培养均提出了新的要求。为深入贯彻落实全国教育大会和《中国教育现代化2035》精神，第二届城市轨道交通教学研讨会于2020年11月15日在同济大学召开，会议采用线上线下相结合的形式，国内40余所高校120余位老师相聚一堂，对新形势下的轨道交通人才培养进行了深入探讨。

本论文集收录了来自国内高校教师的25篇论文，反映了我国高校在轨道交通专业建设与课程教学方面的经验与成果，以及在人才培养、教学组织、课程思政教育、课程建设等方面的探索与实践，可为高校交通运输、交通工程等与城市轨道交通相关专业的教师提供参考。

“第二届城市轨道交通教学研讨会”组委会

2020年11月

目　录

新时代轨道交通运输人才培养模式浅析

滕 靖 徐行方

(同济大学 交通运输工程学院,上海,201804)

摘 要 本文着眼新时代轨道交通运营特征和国家对轨道交通人才培养的指导要求,提出轨道交通运输人才应拓展学习的新知识和具备的新能力,进而从高校轨道交通运输教学内容拓展方向以及人格培养的要点给出具体建议,简要介绍了同济大学在轨道交通运输人才培养方案优化方面的实践经验,以便为高校轨道交通运输人才培养模式改革提供有益参考。

关键词 新时代;城市轨道交通;交通运输专业;人才培养

1 引言

轨道交通具有大容量、集约高效、节能环保等突出优点,是大城市公共交通系统的骨干,近年来我国城市轨道交通分布数量、运营里程增长迅猛,客运量、客运强度等指标位居世界前列。诸多大城市已经进入轨道交通网络化运营时代,一方面,网络化运营带来运营成本不断加大、运营风险防范难度增大、运营服务水平提升压力增强等问题,另一方面,网络化运营需要更加先进的运输计划编制、列车调度指挥、大客流管控等技术手段的支持,对轨道交通运输专业人才的需求提出了更高的要求。2017 年国家发展改革委、教育部、人力资源社会保障部发布的《关于加强城市轨道交通人才建设的指导意见》(发改基础〔2017〕74 号)中提出鼓励高等学校根据需求设置城市轨道相关专业或专业方向,优化专业课程体系,面向城市轨道交通企业需要,调整课程设置,培养轨道交通方向复合型人才等要求。因此,在轨道交通运输方向,如何用新理论、新知识、新技术更新教学内容,提升教学质量,是迫切需要教育工作者进行探索、实践的现实课题。

2 新时代城市轨道交通运输人才的培养需求分析

《交通强国建设纲要》提出了推进城市公共交通的建设、强化轨道交通与其他交通方式连接的指导要求,说明我国未来城市轨道交通发展建设不仅关注数量更关注质量。城市轨道行业将不断创新优化、提升服务水平、增加科技含量,提高运营管理和应急能力,向着设施设备智能化、运行调度自动化、服务管理精细化、综合交通一体化、能耗污染绿色化的方向发展。城市轨道交通本身是一个多领域、多部门相结合的现代行业,如今越来越多的新型科技应用到城市轨道交通的运营管理中来,多技术综合应用成为轨道交通运营管理的典型特点。作为运输专业人才,需要不断了解轨道交通运营服务中出现的新问题、引入的新技术、增加的新装备。

(1)加强对运维业务知识的掌握。随着运营时间的增长,部分轨道交通开通较早的城市的线路设备开始老化,轨道交通运营安全风险面临骤然提升的趋势。运输管理人员不仅需要精通运营管理、运输指挥等业务,还需要加强对重点运输设施、设备安全周期特征的了解,掌握维保需求及作业方式,为"运—维"的协同工作奠定专业基础。

(2)加强对人工智能、大数据等知识的掌握。在大量感知采集终端的装备条件下,如WIFI 嗅探技术、人脸识别技术、掌静脉技术等,地铁数据的全样本性显著提升,更重视全体数据、全过程数据的分析与处理,而不是随机样本。这就需要设计和应用更加智慧、更加高效的模型和算法去分析客流特征,支撑大规模网络运输计划的优化编制和列车调度指挥工作。

(3)拓展对城市综合交通系统运行与服务知识的掌握。轨道交通置身于城市综合交通系统之内,在城市居民出行环节中处于主体地位,轨道交通的运营管理人员需要掌握整个城市客运系统的运行特征,了解其他交通方式的服务特性,以便于用系统的视角去解决运输组织、运营服务中遇到的各种问题。

(4)提升对前沿科技发展的不断学习的能力。城市轨道交通的运用与服务始终以技术创新为驱动。例如,5G 技术极大改善了地铁的车地通信效率,即在列车高速运行过程中,把车载数据向调度中心、沿线车站、车辆段、停车场等属地进行及时传输,实现地铁运营方对客流状况、列流状态,以及固定设施(如隧道及弓网等)、活动设备(如列车车底等)情况的监测。车地传输,自动对准、自动连接、自动身份认证和自动上传,全程无须人工干预。5G 技术就如同打开了一扇门,运营生产中所有涉及数据传输的工作,都可以利用它达到一个全新的高度,也可延伸到多个智慧地铁场景的应用。在课程设计、毕业论文、大学生创新活动训练中,应积极锻炼学生追赶前沿、与本专业知识交叉结合的能力。

(5)加强心理学学习,养成健康人格。轨道交通是服务行业,作为未来城市轨道交通运营管理者,需要有认识乘客心理的能力,包括乘客的知觉分析、乘客的情绪管理、乘客的需求满足、乘客的个性分析、乘客的群体心理、乘客的投诉心理等,运营服务的优化需要坚持"以人为本"的服务目标。此外,还需要加强自身的心理素养提升,轨道交通运营管理人员、调度人员、乘务人员承受工作紧张与单调、心理负担大等方方面面的压力,需要有调节和克服急躁、压抑、委屈等不良情绪的心理素质,培养积极向上的人格,形成合理的心理支点,使心理得以健康平衡。除此之外,良好的表达能力、沟通能力、协调能力以及紧急应对能力都是轨道交通运输人才所必备的,在人才培养过程中需要进行学习和锻炼。

3 新时代高校轨道交通运输人才教学内容拓展

新时代城市轨道交通发展进入新的阶段,城市轨道交通人才的培养目标需要适应行业需求,不断进行调整与优化。轨道交通运输人才应能够驾驭不断出现的新技术,而读书期间学习的知识只能满足入职的基础知识储备需要。因此,对于人才培养工作,更为重要的是打好学生的知识结构基础,使之具备持续的学习能力。轨道交通运输人才知识体系的拓展包括以下几个方面。

(1)加强信控知识的学习

信号系统是轨道交通的神经和大脑,保证整个轨道运输系统的安全和高效运营。得益于先进的通信、控制和计算机技术的发展,作为信控系统的核心——列车运行控制系统,其相关技术在我国得到了快速发展,并向着数字化、网络化、智能化和综合化方向延伸。CBTC系统(Communication Based Train Control System)即以通信技术为基础的列车运行控制系统,能够实现车—地之间的双向通信,其传输信息量大,传输速度快,容易实现移动自动闭塞系统。相比传统铁路运输系统,城市轨道交通系统的发车密度较大,列车种类单一,具备可替代性,基于CBTC下的移动闭塞可以使得列车在自动驾驶模式下根据调度指挥系统的行车命令自动运行,可见未来行车调度将向着自动调整方向发展。

部分以铁路运输为主的交通运输专业,在行车组织课程讲授前已先开设了信号控制原理方面的先序课程。建议在城市轨道交通运输人才培养方案中,也能够凸显信号控制的相关课程内容,开设此类课程应注意以下几点:

①注意课程的深度。信号控制学科需要以数学、电磁学、数字电路、计算机等多方面知识为基础,没有这些先修课程为铺垫,学习难度较大,所以在课程内容上应当根据培养目标有所侧重,主要介绍城市轨道交通信号系统的组成(包括自动驾驶系统、自动防护系统等)、系统工作的基本原理和过程、不同型号信号系统的特点、列车运行联锁控制原理等,适当简化数学推导等理论内容,重在掌握基本知识和应用。

②充分开发和应用仿真实验条件。例如,在考虑信号系统之后的运行图编制,要比一般数学方法得到的运行图参数复杂。可以利用校内的实验条件,建设虚拟仿真实验平台,在平台中设置信号系统,学生可通过平台运行实验检验运行图编制效果,弥补现实教学环境的不足。在行车指挥实验中,让学生了解当外界扰动导致列车晚点、晚点传播甚至阻塞现象后,CBTC下不同行车调整策略产生的列车群动态分布以及列车到站间隔分布效果等。

(2)加强动力能耗知识的学习

降低能耗是未来轨道交通发展的一个方向。列车的运行能耗主要体现在列车的牵引运行阶段,集中耗散主要体现在列车减速制动阶段。能耗增加会导致成本的增加,从而制约城市轨道交通行业绿色与低碳的发展指标。列车运行调度与列车能耗息息相关,但在实际教学中,列车运行的能耗优化问题往往不作为重点介绍,对于列车能耗的现象与原理的介绍较少。

建议在有关课程的内容安排上,纳入列车运行能耗的基本原理,包括列车运行能量的转化和散失、节能优化方法、相关数值计算等。在列车运行仿真实验平台中增加列车运行能耗实验项目,如开展客运量、满载率、车辆编组、列车自重、技术速度等因素对系统能耗影响的分析实验。

(3)加强行为心理学知识的学习

心理学作为理论性和实践性并重的学科,对于描述、解释和预测交通运输系统中出行参与者、服务人员、驾乘人员等个体的知觉、认知、情绪、思维、人格、行为习惯具有重要作用。民航类交通运输专业的高校普遍开设有"民航服务心理学"课程,主要介绍民航服务过程中乘客和服务人员的心理活动规律及行为。公路类交通运输专业的高校也开设有心理学课程,或融知识点于有关课程中,主要讲授驾驶员和路人的心理活动,特别是交通事故背景下的心理研究。可以看出民航相关专业开设的心理学课程侧重于服务,而道路交通相关专业的心理学课程侧重于管理与安全。

提升服务水平是轨道交通永远追求的目标，城市轨道交通的客运组织过程中既要服务于乘客，又要组织引导客流，安全、便捷地完成乘降作业，兼具服务与管理的特点。目前讲授的客流组织措施多以条例、规则、预案为主，相对生硬。建议增加心理学知识的学习内容，介绍城市轨道交通乘客心理活动与行为选择的规律及其管理对策，以及城市轨道交通服务人员心理素养、轨道交通运输安全心理学等。同时建议在运输系统仿真类课程中引入心理学内容，组织学生开展客流的生理、心理调查实验，以完善大客流管控、应急疏散组织的相关理论与方法。

(4)加强多模式交通系统知识的学习

城市轨道交通是大城市交通系统的重要组成部分，轨道交通运营管理人员需要从更高层面了解大城市交通发展特征以及我国大城市交通发展存在的问题，掌握城市交通系统规划的基本原理，了解不同模式、不同制式轨道交通服务特性以及城市客运交通体系中其他公共交通方式的服务特性，如快速公交、常规公交以及辅助公交等。在此基础上，应重点加强市域(郊)铁路、地铁、轻轨、有轨电车等不同制式轨道交通系统设计标准的学习，以及轨道交通枢纽规划要素的学习，为未来都市圈一体化轨道交通体系的规划、设计、运营提供知识储备。

4 新时代高校轨道交通运输人才的人格修养

大城市的轨道交通每日运送上千万的客流，日常发生各种运营事件，都需要运营管理人员从容应对。突发事件的发生往往没有规律可循，这就需要培养学生较强的应变能力和过硬的心理素质，在面对突发情况时，能够沉着冷静、应对自如，运用知识、技能、经验从容解决问题。高校培养的是轨道交通运输管理人才，这就更加强调对学生建立“知识—能力—人格”三位一体的综合培养目标，如图 1 所示。

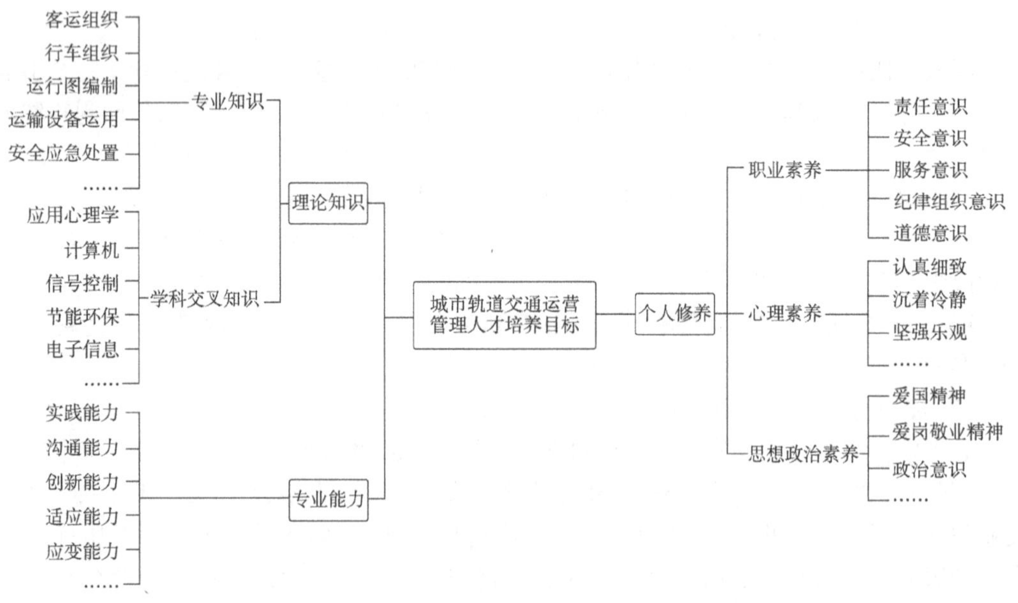

图 1 轨道交通运输人才培养目标系拓展

关于能力培养，在诸多研究成果中都进行了探索，本文不重点进行讨论，这里主要介绍

"新时代高校轨道交通运输人才的人格修养"。《中国青年报》一份调查结果显示:14%的大学生出现抑郁症状;17%的大学生出现焦虑症状;12%的大学生存在敌对情绪。可见,开展高校轨道交通运输人才的人格养成教育非常重要。

人格健全应包括具有独立性、善于面对压力、具有积极的情感与个体意志,它表现为个体在社会生活的多方面达到理想状态。对于轨道交通运输管理人才,需要强化以下四个方面心理素质的培养:

(1)强烈的责任心。强烈的责任心能够将心思高度集中在所做的事情上,出现的差错自然就会少,而且出现问题也能及时改正;在管理好自己的同时还能影响他人,起到集体的带头和激励作用。

(2)清晰的条理性。有条理性会对所交给的任务提前做好准备和研判,对中途可能遇到的一些问题提前做好规划,能在较短的时间内传达更为准确的指令并进行及时的更正;在面对突发情况时处事不惊,冷静对待,有条理地分析现状,及时采取合理的应对措施。

(3)高度的自律性。体现在严格遵守社会法律制度和道德规范上,在调动自身积极性的同时,能减少对日常重复性任务的乏味感,保持高昂的工作热情。

(4)思维的多样性。对待任务能坚持混合性思维逻辑,不钻牛角尖,具有一定思维开拓能力和创新创造力。

5 基于OBE的轨道交通运输人才培养模式优化

同济大学交通运输专业2010年首批入选教育部"卓越工程师培养计划",三次通过了教育部工程教育专业认证,为国家在轨道交通领域培养了大批规划、设计及运营管理的高层次人才。在本科人才培养方面,同济大学交通运输专业坚持基于OBE理念的人才培养方案优化方法,坚持"以学生为中心"的产出导向,遵循"反向设计"的原则,按照社会需求、培养目标、毕业要求、能力指标、课程体系的逆向路径构建人才培养方案。定期开展课程、在校生、毕业生、用人单位、学生实习等多方评价,建立周期性反馈机制,并根据反馈意见推动人才培养质量持续改进。

在新一轮培养方案优化中,根据轨道交通用人单位的反馈,要培养新时代轨道交通规划、设计及运营管理高层次人才,需在复合知识结构、创新素质、健康人格等方面提高要求。为此,同济大学交通运输专业纳入以宽口径为特色的大类招生模式,第一学年强化学生的数学、物理、计算机等基础学科知识,第二学年后,学生开始进入交通运输主修专业学习,执行进阶式培养模式,进行交叉微专业、辅修专业的学习。课程体系上,着眼我国轨道交通网络大规模建设后长期需求,聚焦多模式轨道交通共性特点,建设了轨道交通运营基础、运输系统设施设计基础、运输系统数据分析技术、列车运行组织、运力资源配置等共通性课程。此外,创新类课程中创新方法论的内容得到强化,个性化课程中跨专业学分得到扩大,通识课程中公共选修课的可选择性得到提升。

6 结语

我国城市轨道交通已经由建设阶段迈入运营阶段,轨道交通网络的互联互通、轨道交通的低碳节能运行、自动化和智能化运营等,无疑都是未来城市轨道交通系统的发展目标。现代化的轨道交通运营与服务,对高校运输人才培养提出了更高的要求。高校应以国家战略和行业发展为导向,从“知识、能力,人格”三个维度,深入探讨城市轨道交通运输人才需要拓展学习的新知识和新能力,不断创新培养模式,革新知识体系,以适应新时代城市轨道交通运输管理人才的培养要求。

参考文献

[1] 刘纯洁. 上海智慧地铁的研究与实践[J]. 城市轨道交通研究,2019,22(6):1-6.

[2] 杨川. 基于大数据的轨道交通网络化运营管理[J]. 中国新技术新产品,2017,350(16):120-121.

[3] 苗义烽. 高速铁路行车调度技术发展历程及展望[J]. 铁道通信信号,2019,55(z1):103-108.

[4] 丰顶胜. 5G 通信在城市轨道交通的应用[J]. 电子世界,2019,560(2):189-190.

[5] 罗辉. 智慧城市与轨道交通[C]//《智慧城市与轨道交通》2015 年中国城市科学研究会数字城市专业委员会轨道交通学组年会论文集. 北京:中国城市出版社,2015.

[6] 郭伟,陈雨薇,付丽丽,等. 卓越管理型人才人格特质研究[J]. 科教文汇(中旬刊),2019,446(1):107-108.

[7] 宁滨,刘朝英. 中国轨道交通列车运行控制技术及应用[J]. 铁道学报,2017,39(2):1-9.

[8] 刘杰. 铁路通信信号一体化技术探讨[J]. 企业科技与发展,2019,458(12):58-59.

[9] 吴明,王忻. 基于 CBTC 的城市轨道交通系统自动调整策略[J]. 铁道通信信号,2015,51(1):77-79.

[10] 刘葛辉. 节能坡与编组方案影响下的地铁列车运行能耗分析[J]. 山东科学,2020,33(1):99-108.

[11] 顾伟华. 上海城市轨道交通一体化策略[J]. 现代城市轨道交通,2007(4):20-22.

[12] 马桂兰,李海强,刘新英. 大学生的心理健康与人格修养[J]. 教育探索,2009,212(2):129-130.

[13] 郭维晨. 时代新人视域下大学生理想人格的培养途径研究[J]. 山西青年,2019(24):26-27.

面向"卓越工程师教育培养计划2.0"的交通运输专业校企育人培养模式研究

叶玉玲　朱　炜　袁　锟

（同济大学　交通运输工程学院，上海，201804）

摘　要　本文分析了国内外相关院校的校企育人培养模式，总结了目前我国交通运输专业校企育人培养模式存在的不足。在此基础上，针对"卓越工程师教育培养计划2.0"对于高校人才培养的相关需求，研究了交通运输专业校企育人培养模式的具体内容，包括实践教学基地、校企联合课程、创新实践项目建设以及实践环节的考核与反馈，以此实现校内培养与企业培养相融合，使交通运输专业学生的专业素质、实践能力和创新能力得到进一步提高。

关键词　卓越工程师教育培养计划2.0；交通运输；校企育人；培养模式

1　引言

为适应新一轮科技革命和产业变革的新趋势，紧紧围绕国家战略和区域发展需要，加快建设发展新工科，探索形成中国特色、世界水平的工程教育体系，促进我国从工程教育大国迈向工程教育强国，高教司将实施"卓越工程师教育培养计划2.0"，构建产学合作协同育人项目三级实施体系，持续完善多主体协同育人的长效机制，打造产教融合、校企合作的良好生态。"卓越工程师教育培养计划2.0"是以服务产业、走向世界、面向未来为指引，以高水平工程教育师资队伍建设为抓手，要求高校探索实施新的工程教育模式、构建新的知识体系、探索实施新的专业设置逻辑和管理办法，以培养和造就一大批适应经济社会发展需要的不同层次、不同类型、创新能力强的高素质应用人才。

交通运输专业以培养具备一定的创新意识以及终身学习、环境适应、团队合作和管理能力的交通运输专业卓越人才为基本目标，具有较强的实践性。随着我国交通运输的快速发展、运输企业管理体制的变革、新技术的不断引入和新设备的使用，要求交通运输人才必须具备与之相适应的实践能力和创新能力。交通运输专业学生的培养应以职业为导向、以实践为载体，在人才培养标准设计、课程与教学、毕业论文（设计）等环节都必须具有明确的实践导向，实践教育需要贯穿其培养的全过程。

同济大学交通运输工程学院在校企合作培养方面进行了积极探索，与企业合作建立了60多个校企合作实践基地，其中国家级教学实践基地4个（天津市政工程设计研究院、中铁第五勘察设计院集团有限公司、上海城建公司、上海铁路局），上海市研究生专业学位教学实践基地1个（上海市隧道工程轨道交通设计研究院）。依托这些基地建设，一般采用先课程学习再实践训练的培养流程,增加了实践环节。基地合作模式为学生提供了多样化的学习环境和实践体验,在本科生培养过程中发挥了积极的作用,但目前的培养模式还存在实践教学内容简单、创新能力培养不足、校企联合实践基地和实验教学平台有待完善、实践教学体系内各部分关联性不足等问题。因此,需要结合交通运输专业自身特点和“卓越工程师教育培养计划 2.0”的相关要求,依托本科生实习实践基地和行业、企业导师队伍的建设,对交通运输专业校企育人培养模式进行持续的改革与创新。

2 国内外校企育人培养模式分析

2.1 国外院校的校企育人培养模式

校企合作最早产生于 19 世纪末的德国,而后在欧洲盛行起来,各个国家的校企合作模式都有所不同。德国采用“双元制”模式,在立法制度的保障下建立高校和企业合作教学模式。人才由企业和学校共同培养,按照企业对人才的要求组织教学,学生毕业后更加符合企业的要求。美国采用“合作教育”模式,高校与企业签订合同,把学校教育和生产实践经验的学习相结合,为学生理论联系实践提供帮助。校企合作育人要求学生、学校和企业之间紧密联系,全程参与,相互配合,使合作教育能够有效运行。澳大利亚采用“TAFE”模式,该模式是一种政府、企业和学校紧密结合的教育模式,是以政府占主导地位,企业作为学校的密切的合作伙伴,以学生为中心开展以就业为目的的培训。培训结束之后,通过严格的评估条件对学生进行评估,评估合格的学生,国家将授予资格证书。

2.2 国内高校的校企育人培养模式

随着卓越工程师计划的不断推进,国内高校加快校企合作基地的建设,开展校企合作育人。西南交通大学交通运输专业构建了以专业知识体系为主线,以基础型、专业型、综合型和创新型实践为内涵的多层次、系统化的实践教学框架体系。其中专业实习依托校企合作开展,安排为期 7 ~ 13 天的校外实习,分别组织学生在调度所、编组站和货运站进行实习,了解作业流程、岗位职责等,由此对学生的专业技能进行实训。北京交通大学交通运输专业通过校企共同研讨,制订了“认知实习—专业实习—专业综合实验—课程综合设计—毕业实习—毕业设计”由浅入深、循序渐进式的实践教学训练体系。目前,培养基地的实践教学已经常态化,表现为企业教师开设讲座、现场指导,学生参观实习、顶岗实习、小组研讨、实习答辩等多种组织形式和内容。现场实践教学采取学校教师全过程指导,安排多次实践汇报。

3 交通运输专业校企育人培养模式研究

“卓越工程师教育培养计划 2.0”为高层次应用型人才培养提出了新模式,同时也使高校在应用型人才的培养上面临新的挑战。交通运输专业具有极强的实践性和综合性,以及与众多学科交叉融合的特点,本文结合“卓越工程师教育培养计划 2.0”、多制式多模式轨道交通对人才的需求,从学科导向转向产业需求导向,对交通运输专业校企育人体系进行拓展。

3.1 建设校企联合实践教学基地,创新生产实践

校企优势互补是校企合作的基本条件,校企双方充分整合资源,通过校内与校外双向渗透的模式,建立交通运输专业校企合作平台,保障学生在企业学习期间的教育教学质量。通过校企联合实践基地的建设,将与企业合作的内容拓展到学生学习的各个环节,从一年级的认识实习,二年级的测量实习,到四年级的生产实习和毕业设计,以及课程案例教学、创新项目中,逐步递进地培养学生的工程实践能力、创新意识、创新能力和团队合作精神。依托学院建设的上海铁路局—同济大学国家工程实践教育中心、上海申通地铁集团有限公司等20多个卓越人才校企联盟实践基地,以学生企业实习与毕业设计一体化校企联合培养为抓手,使企业介入学生的各个培养环节。

近年来,交通运输专业依托工程实践教育中心,建立了企业专业实习组织管理体系,完成专业为期1周的企业认识实习和6周的企业专业实习。通过设置企业认识实习,使低年级学生了解交通运输大类各专业的基本内容、专业现状和发展趋势。企业专业实习是专业实践环节中最重要的部分,围绕铁路及城市轨道交通运营管理的突出技术问题,设计了车站—列车—运行调度三个层次的实习体系。覆盖了交通运输生产全过程,让学生依次在编组站、货运中心、高铁客运站、铁路调度所和地铁调度中心进行跟班实习,还安排了高铁随车调查。先编组站、货运站,后调度所的实习安排有助于学生掌握铁路从车流汇集、列车生成到按图行车的整个行车组织过程。铁路调度所与城市轨道交通调度中心的实习让学生对铁路与城市轨道交通行车环境、调度信息系统和调度职责的差异有了更清晰的认识。

3.2 建立校企联合课程,增加课程的实践性

在专业核心课程教学过程中,邀请有现场实践经验的企业技术人员进行实际案例的讲解,通过“内引外联、内外结合”的方式加强学生对轨道交通规划与管理实践的系统认识,共建校企联合课程。企业专业实习采用双导师制,聘请一批企业兼职导师,与校内老师共同设计企业专业实习教学大纲与教学指导书,联合指导学生的专业实习。在毕业论文(设计)环节,加大设计类和校企合作类毕业论文(设计)所占比例,实行双导师制,除校内指导老师外,还聘请具有较强工程实践经验和知识传授能力的企业工程技术人员担任毕业论文(设计)的兼职指导老师。

3.3 依托校企实践基地开展实践创新项目

为进一步培养学生的创新实践能力,除了开展课外各级学科基础竞赛、交通科技大赛、各级大学生创新创业活动计划以及专业设计研究课题等创新能力拓展项目外,学院专门设置“创新能力拓展项目”特色课程,要求学生毕业时需完成2个创新能力拓展学分,该学分认定包含学校认定和学院认定两个层面。学校认定范围包括各类竞赛获奖、学术论文、发明专利、大学生创新项目及奖励等;学院认定是指学生自主选择感兴趣的设计研究课题,以小组合作形式,在教师的指导下完成课题研究,通过成果答辩进行考核。上述各类创新能力拓展项目可以依托校企合作基地,学生在专业实习实践过程中,结合生产实际和工程项目,以实际工程问题为载体来选择创新项目,鼓励学生进行主动学习和主动研究,通过自学、校企教

师联合指导和团队合作等多种方式进行创新实验、专题研究等实践探索,既培养了学生的创新思维和创新能力,又培养了学生的自主学习能力和团队协作能力。

4 交通运输专业实践环节考核与反馈机制优化

与传统的在校学习相比,企业学习在学习环境、管理方式、学习内容、教师责任、培养方案等方面都有所不同。针对现有专业实践考核环节的诸多不可把控性,优化学生实践环节的考核与反馈机制,增加实习期间的定时自我评价、校外导师评价等环节,实现对企业育人的激励和约束,才能使企业真正参与到培养过程中来,真正发挥企业在协同育人中的作用。

各一线实习单位均成立工作小组具体与实习带队老师对接,双方畅通联络、紧密协作。增加实习期间的考勤、定时自我评价、校外导师和企业评价等环节,注重学生实习态度、专业知识掌握程度、综合运用知识以及动手实作能力的培养。最终考核采用实习单位评价、实习报告和实习答辩考核相结合的方式,并要求企业导师参与实习答辩,使企业能够真正参与到培养过程中来,形成综合考查学生实践能力、创新能力的科学机制。实习答辩中,校企双方老师针对相关实习内容进行提问,以此来检验学生实习的成果,同时学生将实习学到的相关知识加以总结并分析经验体会,老师通过实习报告评估学生对专业知识的掌握程度以及实际操作的理解程度。

5 结语

基于“卓越工程师教育培养计划 2.0”的要求,加强校企合作,要将校内培养与企业培养相融合,重点培养学生专业素质、实践能力和创新能力,达到交通运输专业人才培养的目标。近年来基于校企合作同济大学交通运输专业在校企育人培养模式和组织管理体制等方面进行了一系列探索与实践,为交通运输专业学生实践能力的提高创造了良好的条件,取得了社会和学生的广泛认可。交通运输专业的认可度得到显著提升,学生实践能力和综合能力得到提高,通过企业实习过程中执行校内专业指导教师和实习基地兼职指导教师双轨制,使校内教师也能参与工程实践,强化了工程能力的培养,加强了实践型师资队伍建设。

参 考 文 献

[1] 叶玉玲. 基于卓越工程师教育培养计划的交通运输专业实践教学体系研究——以同济大学为例[J]. 教育探索,2017(04):56-58.

[2] 叶玉玲, 徐瑞华, 滕靖. 基于卓越工程师培养的交通运输专业企业实习体系研究[J]. 教育教学论坛, 2016, 000(029):163-165.

[3] 李长波, 赵杉林, 黄玮, 等. 基于“卓越计划”的校企合作人才培养模式的构建[J]. 吉林化工学院学报, 2013(08):92-95.

"人工智能"与"新工科"双重驱动的国家级重点学科建设思考

张　雷　欧冬秀　董德存

（同济大学　交通运输工程学院，上海，201804）

摘　要　新一轮科技革命与创新产业席卷而来，高等教育应把握发展机遇和迎接挑战，在不断强化教学、科研和社会服务中实现"新工科"的华丽升级。本文结合同济大学的双一流建设，立足本科教育、创新特色、学科发展和人才培育等方面，探索高等教育的学生素养培育、教研一体培养与学科交叉融合之路，共同促进"新工科"的"文—理—工"融合发展与双一流学科的内涵强化。

关键词　新工科；智能交通；人工智能；双一流

人类文明通过大学进行传播，已有九百多年的历史了。英国学者纽曼在1852年指出，大学的活动与知识的传播与掌握相关，而不与新知识的探索及获得相关，也不与简单的生产相关。经历数次高等教育改革，世界各国大学的功能基本上可概括为教育、科研和社会服务。显然，高等教育与探索新知识、促进生产力和推动社会进步有着良性的互动关系。在本质上讲，以大学为主体的高等教育起到人类文明的传承与发展的作用。这也使得高等教育需要关注知识扎实、人格健全、思考独立、人文素养和科学素养。

1　恰逢当时，影响深远

宽厚而单一的学科知识已无法满足日益增长的高等教育需求。专业之间的跨界与交叉，已成为教育、科研和社会服务的有效途径。以人工智能为例，其技术体系至少涉及数据库、数据挖掘、自然语言处理、语音识别、计算机视觉、计算机图形学、多媒体技术、可视化、机器学习、知识工程、人机交互、机器人、信息检索13个子类。既是与传统的计算机科学与技术、软件工程、控制科学与工程、信息与通信工程等的发展性学科交叉，又是应用型技术创新。

世界各国均提出了高等教育的"创新"与"素养"等概念，并制订了培养体系与发展计划。尽管各有侧重，但宗旨都是围绕着培育"自主适应社会发展的全面复合型人才"。近三年来，我国大力推进"新工科"主要是因为新时代的发展迫切需要立德树人、增强社会责任与国际视野。自2007年以来，我国在物联网、云计算、智慧城市、大数据、智慧制造、人工智能和无人驾驶等各个科技主题上，不断促进高校科研院所、区域经济和企事业单位之间以产业应用为导向的技术经济良性互动。

2 本科教育，重中之重

扎根中国大地的高等教育和人才培育，高素养强内涵的本科教育是根本。当代大学生不仅知识广博，而且创新力极强。从“复旦共识”“天大行动”和“北京指南”中可探索“新工科”的本质内涵，其宗旨为“家国情怀”“国际视野”“学问质疑”“融合创新”和“应用开发”。

诸多高校在促进学生能力与情感双培养的机制下，积极投身于“新工科”通识课程体系建设、学科大类培养、工科专业转型升级和构建创新创业社会服务体系。国内几大“双一流”高校的本科生院设立，有效地把通识教育、专业门类、科教融合、创新辅导等融合，实现了“大师”与“学生”零距离“教研”与“研学”，确保了高质量本科生教育与科研创新全周期管理。同济大学于2019年5月成立“新生院”，8月成立八大学堂，聘请院士和知名学者来担任学堂的院长亲临本科生教育的一线来引领人才培养工作。这也是对本科生教育的新时代响应及对世界各国大学本科生院建设的有益贡献。

3 师生互动，创新取向

以学生培育和科研创新为核心，教师需要密切关注学生的个性发展和创新取向。以教师辅导和学科发展为前提，学生需要紧紧围绕阶段性的学习目标和综合实践。以社会需求与科技应用为导向，师生需要协同探索、身临其境。一本经典的专业教材和一位课堂传授知识的教师，如何培育一名未来社会所需要的人才？这正是“新工科”教育必须面临的发展性问题。第一层次的答案需要师生在教学和科研上良性互动，聚焦创新实践中的批判性思维与启发式创新，全面提升学生的科研参与度和沉浸式学习体验度，在应用实践中确立创新力培育的“三观”建设。

“新工科”背景下建设的“人工智能”上海市高峰学科，是实现高校教学科研融合和应用创新的一个重要抓手。依托同济大学建设的上海自主智能无人系统科学中心已经形成“人工智能 +”的融合创新局面，将逐步形成自主与感知、智能与涌现、协同与群智三大创新研究方向。积极打造高校科研院所与企事业之间的创新链，在超材料感知、多尺度融合、类自然计算、自主智能体、生机电共融、自主与交互、异构与决策、多体与协同、类脑与仿生和可信安全等方面形成百花齐放之态。这无疑是全上海乃至全世界的教学实践平台、应用创新平台和大科学工程平台，需要学生、教师、工程师和学者的整体参与，锤炼创新价值和多元创新取向。

4 深化内涵，强化一流

近年来，随着中国北斗、大数据、人工智能、区块链、量子通信等前沿技术与交通行业的深度融合，形成了围绕智能交通应用的新内涵。在数据资源赋能交通发展的前提下，加速了基于“云—边—端”综合应用的车联网、智能网联汽车和智能网联交通“三步式”发展范式，极大地推动着交通基础设施网、运输服务网、能源网与信息网络融合的“交通强国”发展之路,正在构建泛在先进的智慧交通信息基础设施。

作为中国交通运输领域人才培养摇篮与科学研究重点基地的同济大学交通运输交通学院,以智能交通技术、空间信息技术、可信智能技术和轨道工程信息技术等为创新特色,加速双一流学科间的理工交叉,不断调整和完善学科的建设内涵和发展重点。坚持自主技术创新与突破"卡脖子"技术的"高—精—尖—缺"发展导向,强化以学科资源配置与国家工程突出贡献为导向,高校与社会协同培养一批具有国际水平的战略科技人才、科技领军人才、青年科技人才及富有创新精神的交通铁军,培养立足交通工程一线的学科带头人和交通相关产业行业的工程创新带头人。

5 学教致用,产学协同

高校的实验教学中心、课题组实验设备和省部国家级重点实验室均是对教学知识的直观认识,是对科学结论与自然规律的直接体验。作为教学科研工作第一个主战场的实验室也是科学研究和探索中获取理论验证和数据分析的直接来源。以交通信息工程与控制专业为例,在教学实践与工程应用中需要与信息、机电、汽车、物流、土木、测绘和管理等学科相融合,需要在各种应用场景中探索技术体系与工程应用。高校需要进一步配置实验教育资源和优化实验平台,促进师生创新素养与综合应用的实验生产关系互动,使"新工科"实验室建设和双一流学科发展、教学创新改革、科研实践之间互相促进。

企事业实验与研究平台,是高校师生面向社会的第一阶梯。以华为、百度、阿里巴巴、腾讯等为代表的中国企业,已拥有足够的创新要素与科研资源,能为相关科技创新提供广阔的发展空间。多方协同共建"沉浸式"创新创业平台、课题专项攻关基金、教师提升发展计划和教学实践工坊等,打造高等教育与企业的新型协同体,实现产学研用之间的资源良性互动与深度融合,确保人才培养中的研究创新与工程实践双落地。

6 国际视野,面向未来

无论是知识、技能和情操,还是基础、思维与创新,世界各国在衡量或评价本国高等教育的教学质量与教育水平时,均是立足人才发展与社会需要、当前供给与未来补给、本国基础与国际动向。所有的创新素养与创新能力都不是孤立的,而是在教学、实践与工程应用中相互依存。如何让经典而不断发展的教材在教学科研互动中迎接未来的挑战?这就要求一切教学科研活动具备国际视野,注重体系化的创新能力,营造实践锤炼的应用导向。我国的高校科研院所正推动着原始创新力,逐步实现中国创新与国际引领,这就需要我国的高等教育正确对待理论创新与应用创新、科学发明与技术发明、知识体验与工程实践。

"新工科"与双一流学科的深化建设,即高校探索并逐步形成全方位、多层次和具备国际视野的创新实践教学科研培养体系,以满足我国长期发展对创新型人才的迫切需求。科教兴国,立足家国情怀与社会责任,积极培育"新工科"的工程科技进步和创新,让中国人才成为推动人类社会发展的重要引擎。

7 结语

新一轮科技革命和产业变革正考验着世界各国的教育、科技、经济与文化,我国经济发展也正逢新常态。近三年不断推进的“新工科”建设,有效促进了我国高等教育对未来人才发展的深度思考,要迎头赶上制订工程学科发展计划和工程科技人才培养机制。在教学、科研、应用和工程等高等教育环节植入“新工科”的创新能力培育,注入双一流发展理念和构建中国新时代高等教育发展模式,积极推进科技革命和产业革命对我国经济与社会发展的深远作用。

学科建设与本科教育是我国高等教育的核心。“新工科”的跨学科特性能极大地促进了我国社会、文化、经济、管理、环境等要素的配置、优化与集成,进一步呈现出“新工科”的整体性、创新性和社会性。我国诸多高校以立德树人为宗旨,积极完善“新工科”素养培育体系,不断推进以培养方案与课程体系的优化、应用实践为导向的师生创新互动、实验资源配置与全社会协同融合,切实提升人才培养质量,为社会与未来源源不断地输送全面发展的人才。

参考文献

[1] 约翰·亨利·纽曼. 大学的理想[M]. 徐辉,顾建新,何曙荣,译. 杭州:浙江教育出版社,2001.

[2] 约翰·马尔科夫. 与机器人共舞:人工智能时代的大未来[M]. 郭雪,译. 杭州:浙江人民出版社,2015.

[3] 李开复,王咏刚. 人工智能[M]. 北京:文化发展出版社,2017.

[4] Ananiadou, K. &Claro, M.. 21st century skills and competences for new millennium learners in OECD countries[J]. OECD Education Working Papers, 2009(41). OECD Publishing. http://dx. doi. org/10. 1787/218525261154.

[5] 蔡映辉. 新工科体制机制建设的思考与探索[J]. 高教探索,2019(01):37-39.

[6] 中华人民共和国教育部. “新工科”建设复旦共识[J]. 高等工程教育研究,2017(01):10-11.

[7] 中华人民共和国教育部. “新工科”建设行动路线(“天大行动”)[J]. 高等工程教育研究,2017(02):24-25.

[8] 中华人民共和国教育部. “新工科”建设指南(“北京指南”)[J]. 高等工程教育研究,2017(04):20-21.

地方高校城市轨道交通运营管理专业初设的探索及思考

郭经纬
（河南理工大学　能源科学与工程学院，河南焦作，454000）

摘　要　地方高校专业调整及增设是其主动适应国家创新驱动发展、区域社会经济发展及产业转型升级的必然要求。本文以河南省地方高校为例，纵观其城市轨道交通运营管理相关专业发展历程，分析地方高校于“新工科”背景下新建城市轨道交通运营管理专业之际所面临的共性挑战。审视某地方高校在专业筹备及建设之路所采用的应对策略，力图探索适合区域性地方高校城市轨道交通运营管理专业初步建设的基础路径，以期为条件受限背景下地方高校轨道交通运营管理专业初步建设提供借鉴。

关键词　地方高校；城市轨道交通运营管理；共性挑战；专业建设

1　引言

作为缓解城市道路交通压力，加快城市化进程，优化城市布局，提升居民生活水平措施之一的城市轨道交通建设在近十年逐步进入蓬勃发展期。根据统计结果，截至 2019 年 9 月，全国已有 39 个城市开通并运营城市轨道交通，线路运营里程多达 6333.3km。伴随着城市轨道交通规划建设的热潮，与之相关的各项专业技术人才需求不断增大，基于产业发展需求而言，城市轨道交通企业人才需求量一般可量化为 60 人/km，据国家发改委、教育部、人力资源社会保障部联合发布的《关于加强轨道交通人才建设的指导意见》推测，自 2017 年至 2020 年国内城市轨道交通企业需要配置到位的各层次专业人才规模将达三十万之众。追溯历史脉络，不难发现时下城市轨道交通行业人才多来源于铁路系统，而培养此类人才的院校亦多是在原有铁路院校基础上转型而立。现实条件及行业固有特性，制约着立足服务区域轨道交通发展的地方性高校城市轨道交通相关专业的起步与建设。如何打破此瓶颈，克服城市轨道交通相关专业发展的多种困难，贴近行业要求推进新办专业初步建设，为区域行业发展培养高素质应用型人才，成为诸多地方性院校所面临的共性挑战。据此，本文以河南理工大学为例，结合地方性高校筹划新办城市轨道交通运营管理专业实践，聚焦专业建设现存问题，探索新办专业的初步建设路径及对策。

2　河南省城市轨道交通运营管理人才供需匹配现状

城市轨道交通运营管理是城市轨道交通运营企业日常重要核心工作，伴随我国城市轨道交通逐步跨入信息化、智能化、网络化发展新阶段，以往城市轨道交通专业各学科知识体系间所存在的明确界限逐步模糊，相关核心课程横跨自动化类、土木类、交通运输类多个大类。专业发展及知识体系扩展促使相关人才需求趋于细分化，传统的通用型人才难以满足现实需求，社会招聘及定向培养制度的人才规模也难以满足城市轨道交通运营企业需求。同时，作为人口大省及交通枢纽的河南，近几年借助中原城市群构建的契机，不断规划建设诸多城际铁路网、市域铁路及城市轨道交通线网项目，可见区域性的专业性人才缺口将有效推进本区域未来十余年城市轨道交通运营管理专业的发展。

纵观现阶段，目前省内尚未有本科院校开设城市轨道交通运营管理相关专业，与此接近的仅有河南科技大学、河南农业大学等院校开设的交通运输专业，但所开设交通运输专业均以道路运输为主。区域性的人才需求除借助常规订单班定向培养外，多倾向于以郑州铁路职业技术学院为主的专科院校，主要培养院校情况见表1。

河南地区已开设城市轨道交通运营管理相关专业的部分院校 表1

高　校	办学层次	二级学院	专业方向
郑州铁路职业技术学院	专科	运输管理学院	城市轨道交通运营管理； 铁道交通运营管理
黄河交通学院	专科	交通工程学院	城市轨道交通运营管理； 城市轨道交通工程技术
河南交通职业技术学院	专科	轨道交通学院	城市轨道交通运营管理； 城市轨道交通机电技术
郑州职业技术学院	专科	城市轨道交通系	城市轨道交通运营管理； 城市轨道交通机电技术
黄河科技学院	专科	交通学院	城市轨道运营管理
郑州信息工程职业学院	专科	管理系	城市轨道交通运营管理（运营服务管理方向）； 城市轨道交通运营管理（维护与管理方向）
河南工业贸易职业学院	专科	工商管理系	城市轨道交通运营管理
郑州商贸旅游职业学院	专科	旅游管理系	城市轨道交通运营管理

可见，现有人才培养规模捉襟见肘，难以与郑州地铁、洛阳地铁、河南城际铁路有限公司等用人企业未来人才需求匹配，严重的人才供需失衡为省内地方高校专业建设带来了新的机遇与空间，包括河南理工大学、许昌学院在内的诸多本科院校开始不断尝试新设专业，以满足区域行业需求。

3　地方高校城市轨道交通运营管理专业初设的挑战与对策

由于受制于办学经费、地理位置、区域社会经济发展规模、师资力量等，区域性地方高校在增设城市轨道交通运营管理专业上面临诸多挑战，特别是在“新工科”建设背景下专业初设之路铺满荆棘，其突出共性表现可归纳如下：

(1)师资力量首当其冲

当今，城市轨道交通运营管理专业师资多来源于交通运输工程一级学科，同时由于铁路运输与城市轨道交通的渊源及知识架构，此方向的高层次师资也多由传统铁路运输方向转型而来，而以往培养铁路运输方向高学历人才的院校并未有明显增加，其培养规模仍依赖于北京交通大学、西南交通大学、中南大学及同济大学等相关传统铁路院校，所培养人才数量难以满足各区域高校开设城市轨道交通运营管理专业的基本需要，因此诸多院校都面临专业性师资匮乏的窘境。

(2)学科初设缺乏合理规划

正是由于缺乏专业师资，诸多地方高校在学科初设之时，仅依赖于跨学科专业的主观认知，对于学科期望、培养方案、课程优化、专业发展等都缺乏足够合理的论证。也正是因为对于专业缺乏深层次的理解，易造成学科专业重叠，设置方式简单粗暴，办学特色难以凸显，缺乏有效机制，这些弊端对于学科初期发展将产生致命影响。

(3)过分依赖传统优势学科

地方高校在办学资源条件上的缺陷容易将新专业发展规划带入误区，地方高校在专业设置时多立足如何依赖本校自身特色优势，追求学科交叉，将新设专业与传统优势专业有机融合，为新专业发展提供捷径。然而专业之间的差异不能忽视，学科交叉是双刃剑，倘若使用不当，必将学科发展带入误区。

(4)未曾深思专业培养联动机制

由于各种条件所限，地方高校多采用调研论证方式评估专业设置的必要性及可行性，从流程上而言这些工作是无可厚非的。但成功的复制并非无条件的，城市轨道交通运营管理专业具有极强的实践性，其技术更新及运营、知识生产及迁移均需要院校与用人企业构建长效联动机制，闭门造车将使专业发展趋于畸形。

此外，教学课程链规划合理性不足、人才闭环培养模式欠缺等均是较易显现的问题，然而这些问题因校而异，不能归结为共性表现，故在本文中不再展开分析。针对上述共性表现，本文以地处中原腹地的区域性特色高校——河南理工大学为例，筹划轨道交通信号与控制专业及城市轨道交通运营管理专业的发展对策。

该校始建于1909年，于2004年更名为河南理工大学，是以矿业工程及安全工程为特色的传统煤炭院校，也是典型的中央与地方共建、以地方管理为主的河南省特色骨干院校。纵观学校发展历史脉络，学科体系设置多依赖传统优势学科，轨道交通学科体系设置初衷也是出于延伸与矿业工程相关的煤炭集疏运体系发展而来。然而，由于专业认知受限，加之统筹规划不足，于2006年开启的专业建设道路历经艰辛，在筚路蓝缕的专业建设之路上摸索出一套属于自己的生涩对策：

(1)强化专业性进修

针对长期的专业师资匮乏问题，该校在主动招聘难以取得成效之际，鼓励资助现有师资到传统铁路院校进修，提升现有师资的综合水平，为不断深化课程改革，开设专业性核心课程进行铺垫。

(2)强化学科交流,审视学科架构

考虑到现有教师队伍整体学科认知窘境,该校积极鼓励教师参加专业领域范畴的教学及科研会议,珍惜与会交流机会,正视自身缺陷不足,多方取经。同时,为客观评价学科体系,适宜地引进兼职及特聘教授,打造学科发展规划的智囊团。此外,考虑专业发展及变化速率,打破原有培养方案四年一修订的传统思维,将培养方案修订周期缩短为两年,不断检验学科发展成效,引导及纠正学科发展方向。

(3)以赛为练,补充实践教学

受限于各方资源及条件,城市轨道交通运营管理专业的实践教学往往是区域性地方院校易忽视的环节。该校在初期难以有效保障实验条件、实习单位的情形下,借助于互联网+大学生创新创业大赛、大学生挑战杯、大学生创新创业训练项目、交通科技大赛等科技创新项目及竞赛,牵线搭桥引导学生跨校、跨企业合作,促进跨校平台共享,培养学生实践能力。

此类对策旨在解决专业初设各项条件不足情形下的共性问题,然而各类问题因地而异,因校而异,因势而异,所谓的应对策略也并非一蹴而就,而是在不断的探索与实践中改进优化。河南理工大学自2006年至2013年,历时7年不断寻求新专业的发展之路,时间成了专业探索的良师益友,也见证了专业增设历经的种种磨难。因此,对其进行一番冷静的思考与审视也是促进区域性地方高校城市轨道交通运营管理专业发展的必要之举。

4　地方高校城市轨道交通运营管理专业初设的探索与思考

兵无常势,水无常形,事无常态,专业建设是各高校结构优化、特色体现、响应社会、人才培养的根本性任务,伴随建设所应对的机遇和挑战也是因时而异。同时,在“新工科”改革与建设背景下,地方高校在聚焦地方行业和新兴产业的同时,也在不断整合本校传统学科及专业,专业初设的同时兼顾专业改革,两者间传统的先后逻辑已被打破,应对挑战的对策也应不断深化。据此,本文结合地方高校自身特点,力图探索一条适合区域性院校与区域化融合的专业初步建设及发展的基础路径。

(1)合理配置城市轨道交通运营管理基础师资

类似于交通工程专业在国内的初期发展,诸多未曾涉足该领域的区域性地方高校往往存在一种近似误区,主观地认为有土木类背景和管理类背景的教师,辅以相应的简单培训及学习就能承担起城市轨道交通运营管理人才的培养重任。这一弊病在区域性地方高校,特别是对交通运输类本科专业分类及设置尚无了解的院校尤为突出。专业基础师资配备应在理顺专业内涵,适应专业建设及发展内在要求,满足核心课程教学任务等前提下有的放矢,不能基于大类学科盲目选择,混淆“城市轨道交通结构施工”与“道路与铁道工程”“轨道交通电气与控制”与“交通设备与控制工程”“城市轨道交通运营管理”与“交通管理”等近似专业与课程。师资选择及培养应秉承“理念先行,知行合一”的理念,务实教育,以练为培,以岗代训,强化校企合作培养功能。同时结合办学理念,明确本校开设本专业的任务及目标,综合用人单位及市场需求,辩证看待教师理论知识与实践能力间培养的关系,匹配不同办学维度的基础师资能力要求(图1)。

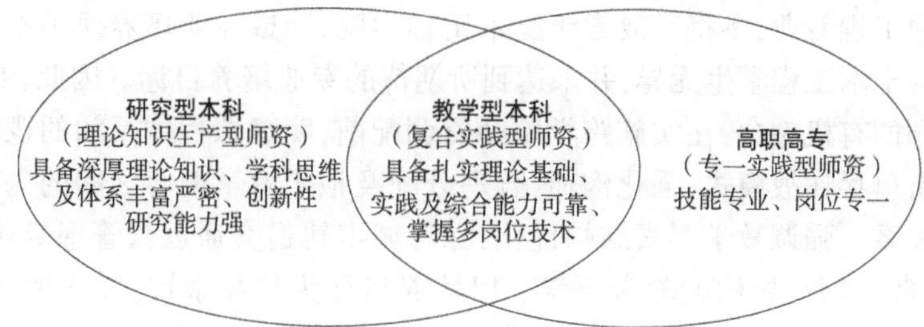

图1　师资配置基础要求

(2)专业课程初设应综合考虑学校资源及行业发展诉求

区域性地方高校初设城市轨道交通运营管理专业应充分考量本校现有资源及能力，既不能过分追求全，亦不能使课程体系缺失核心灵魂。城市轨道交通的高速发展、新型轨道交通方式的不断涌现都对优化专业课程体系提出了更高要求，专业课程初设应能及时反映城市轨道交通运营管理专业发展的新趋势、新特征及新技术，课程持续改进工程应能及时捕捉和研判专业发展动态。课程设置应严格遵循教育教学基本规律，在课程体系建设优化的总目标下循序推进。课程反馈及重构不再仅适用于专业中后期发展，初期也应坚持实施基于本校扎实学科平台的特色专业课程设置及重构。特别是具有工科背景的区域性地方院校，本身多设有土木、机械、电气、信息、管理等学院，此类学院基本涵盖交通运输工程一级学科体系下的所有二级学科方向，合理利用各学院的基础学科平台，推进课程链的基础性建设应成为初期考量的重点。

(3)创新育人渠道弥补先期主客观条件不足

对于初期缺乏城市轨道交通运营管理仿真实训平台的地方性高校，应积极拓宽育人渠道，借助第二课堂应对初期教学资源、平台及环境有限的现实情况。除推进常规的校企合作机制外，充分利用学科竞赛、创新创业大赛等课外资源提升学生工程实践能力，积极参与教育部产学合作协同育人项目，推进与相关企业在嵌入式系统师资培训、学生实习实训、校外实践基地建设等方面的深度合作，借助丰富的社会资源开拓育人新渠道。以河南理工大学为例，虽然该校至今还缺乏专业急需的实训平台，但通过与同区域高职高专院校（黄河交通学院）的合作，业已解决时下实验教学的燃眉之急。同时，推进与郑州地铁、郑州铁路局、中国平煤神马集团铁路运输处等相关企业的校企合作，强化与北京智联友道科技有限公司、深圳信盈达科技有限公司等企业关于教育部产学合作协同育人项目的效果，努力拓宽实践教学途径。鼓励倡导学生参与多项学科竞赛，完成包括“一种地铁列车车厢拥挤程度实时反馈系统”在内的一系列实践作品，并以河南理工大学科技园、创客空间为平台实施孵化。

(4)有机整合校内外资源，明确专业教学目标，统筹课程体系

区域性地方高校在考虑专业课程初设的同时，应结合本校实际情况，明确本校新设专业的培养目标，统筹规划层次性、系统性较为完善的教学体系。一直以来，地方高校在课程体系设置方面均表现得过于主观随意，系统化课程体系的构建不能仅依赖于本校有什么、能传授什么，更为重要的是如何实现与教学目标的有机结合。纵然此类本末倒置的课程体系构建是受各高校条件所限的无奈之举，也不违背教育教学的认知规律，但若长此以往，必将专业带入课程重复设置、专业系统化逻辑混乱、教学内容空洞混乱的歧途。如今河南省多数地

方高校开设交通工程专业，多将其放置于土木工程学院，造成专业培养换汤不换药，课程体系及就业岗位与土木工程学生无异，并未达到所期待的专业培养目标。因此，专业初设之时应实现校内资源的有机整合，在实施跨学院师资调配前，明确课程体系间的逻辑关系，以教学团队替代固有单兵作战模式，强化沟通，合理分配及拟定教学内容之间的先后关系，实现课程间的互补关系。强调教学要素结构优化，深思城市轨道交通运营管理专业的特点及要求，整合原本离散、多元、异构的教学要素。以培养目标为最高宗旨，以学生未来发展为导向，合理取舍教学内容，对于本校难以承担的核心课程，可借助于中国 MOOC 平台等信息化平台进行有效补充。

据此，以培养城市轨道交通规划与设计、运输组织与调度决策、项目管理人才目标为例，对于传统地方高校初设城市轨道交通运营管理专业，可将课程体系按模块进行统筹分解，如图 2 所示。其中，专业基础课程模块可对相近学科教师进行适当培训量力承担，专业过渡课程模块则应考虑到本校现有师资能力适当设置，并在课程内容设置过程中兼顾专业基础学习效果及专业核心课程学习要求，充分考量各子课程传授内容与专业基础及专业核心模块各子课程内容的有机结合。针对专业核心课程模块，则尽量选择具有本专业背景或相关专业从业经验的教师进行传授，应充分保证其教学质量，若某课程暂时无法匹配适宜教师，可将其暂时列入强化学习模块。而强化学习模块是对多数院校普遍匮乏师资的重要课程的归纳，此类课程在无法开设之时应鼓励学生借助信息化手段开展自我学习，从而确保教学体系的完善，以达到教学目标。此模块因校而异，因时而异，由课程教学团队依据本校实际情况实施动态调整。

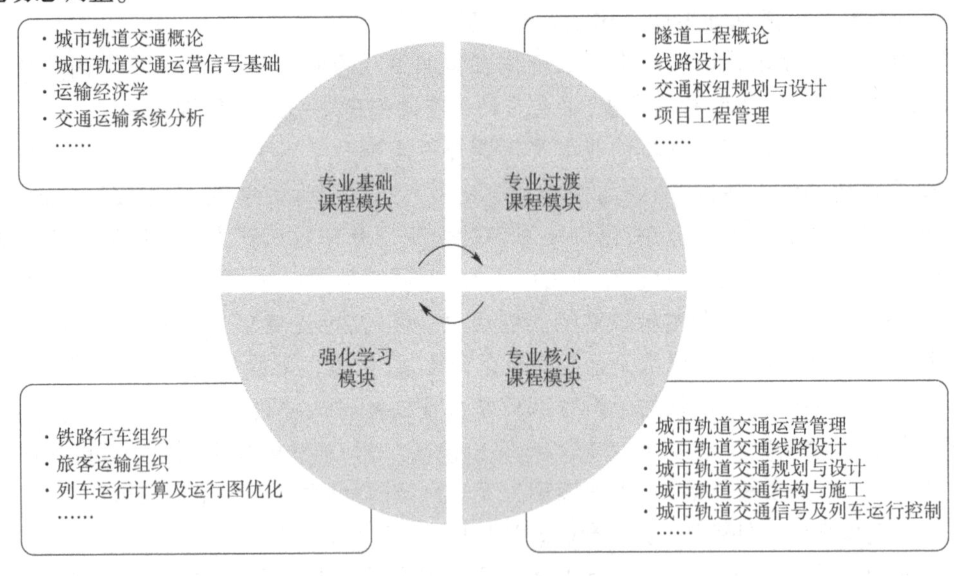

图 2　课程体系模块分解

5　结语

伴随城镇化进程及城市群建设速度的加快，城市轨道交通行业为各区域地方高校建设带来了新的机遇与空间，然而地方高校受限于各主客观条件，在城市轨道交通运营管理专业增设上面临诸多困境。本文结合地方高校自身特点及办学定位，分析其在城市轨道交通运营管理专业初设过程中所存在的共性误区，以河南理工大学为例，基于其曲折的专业筹备及建设之路，探讨地方高校城市轨道交通运营管理专业初设的基础路径及对策。

参考文献

[1] 韩璐. 中国2019年底城市轨道交通总里程将超6600公里[A/OL].(2019-10-16). http://www.chinanews.com/gn/2019/10-16/8980897.shtml.

[2] MOHAMMADI A, JIMENEZ A L, NASIRI F. Review of asset management for metro systems: challenges and opportunities[J]. Transport Reviews, 2019, 39(3): 309-326.

[3] 中华人民共和国国家发展和改革委员会，中华人民共和国教育部，中华人民共和国人力资源和社会保障部. 关于加强城市轨道交通人才建设的指导意见，发改基础〔2017〕74号[A/OL].(2017-01-22). http://www.gov.cn/xinwen/2017-01/22/content_5162232.htm.

[4] 吴仁华，邱栋，陈群，等. 从“两新交汇”迈向“两新交融”——地方新建本科高校新工科建设探索[J]. 高等工程教育研究，2018, 36(5): 17-23.

基于课程群的专业课程教学团队建设

叶玉玲　袁　锟　朱　炜

(同济大学　交通运输工程学院,上海,201804)

摘　要　本文围绕轨道交通线站与枢纽规划设计方向,全面梳理相关专业课程的知识点,分析其内在的关系,建立轨道交通系统基础—线路工程—车站与枢纽规划设计层次清晰的专业核心课程教学团队。进一步优化调整教学团队课程教学改革的教学思想、教学理念、教学方法和考核方式,提高学生的团队合作精神、表达能力、交流和沟通能力。

关键词　教学团队;课程群;教学方法

1　引言

教学团队建设计划作为教育部“本科教学质量与教学改革工程”的一项重要内容,是以团队协作的形式推进教学改革、推动教师队伍建设、提高本科教学质量的一项重要举措。为了进一步提高高等教育质量,教学团队得到了各高校的重视,许多学校积极组建新的有发展前景的教学团队,不断完善对教学团队的扶持方案。高等院校的教学团队基本上都是基于课程或课程群为完成课程的教学任务组成的教师群体,通过群体成员之间的协作和交流,推动教学改革和研究,提高教师素质和人才培养质量。通常教学团队有以通识阶段平台课程为核心的教学团队,以学科基础或专业课程(群)为核心的教学团队,以及以实验实践教学环节为核心的教学团队等类别。国内同类院校交通运输专业都根据专业特点建立了行车组织教学团队、站场与枢纽教学团队和货物运输组织教学团队等,这些教学团队大多数在教学过程中发挥了积极作用。同济大学交通运输专业目前已建设了以列车运输组织、运力资源管理和城市轨道交通运营管理为课程群的轨道交通运输组织教学团队,通过团队建设建成了一批卓越课程和上海市教委重点课程。

在此基础上,基于轨道交通运输行业大发展的背景,围绕轨道交通车站与枢纽规划设计与运输组织方向,全面梳理相关专业课程的知识点,分析其内在的关系及对交通运输专业培养目标的支撑状况,进行轨道交通车站与枢纽规划设计教学团队建设,建设轨道交通系统引论—线路工程—车站与枢纽规划设计层次清晰的专业核心课程教学团队。然后进一步优化调整教学团队课程教学改革的教学思想、教学理念和教学方法等,加强实践能力和综合素质培养,提高学生的团队合作精神、表达能力、交流和沟通能力。

2 基于课程群的教学团队各课程间的内在关系分析

教学团队的建设形式可以以课程为核心,按照课程性质分类进行建设,例如通识类的平台课以及专业平台课程,如果一门课程授课老师人数众多,则该门课程就可以组成一个教学团队;而对于专业课程而言,有些课程之间具有明显的逻辑关系和关联性,授课老师也有交叉,可以按照课程群形成一个教学团队。交通运输专业的基础平台课程,例如"运筹学"和"运输经济学",这些课程作为平台课,具有基础性和相对的规模性,可以按照一门课程单独建设教学团队,而一些专业课,例如车站与枢纽组织、列车运行组织和运力资源配置等课程相互间有内在关联,可以整合成课程群进行建设。

轨道交通线站与枢纽规划设计教学团队将"轨道交通系统基础""线路工程"和"站场与枢纽规划设计"整合成课程群进行建设。"轨道交通系统基础"主要包括轨道交通机、车、工、电、辆等基本设施的介绍。课程涉及了包括铁路运输技术,铁路建设技术标准、车站工程等多方面的知识,有助于加强学生对整个轨道交通运输系统的宏观认识。"线路工程"主要包含牵引计算和轨道交通线路选线设计。通过本课程的学习,要求学生重点掌握轨道交通线路的构造特点、列车牵引基本理论、铁路(含高速铁路类客运专线)和城市轨道交通线路平纵断面设计和选线的基本原则与要求,为未来从事路网规划、线路或站场设计奠定理论基础。"站场与枢纽规划设计"是交通运输专业的专业核心课程,通过向学生介绍铁路站场与枢纽规划与设计基础理论、基本方法和分析技术,使学生理解铁路站场与枢纽规划基本概念,掌握铁路中间站、区段站、编组站、客运站、货运站作业、设备和布置图分析方法,掌握铁路站场与枢纽规划、设计的理论和方法,具备铁路站场与枢纽规划、设计和管理的一般能力。围绕轨道交通线站与枢纽规划设计方向,可以看出,"轨道交通系统基础"是轨道交通运输专业的前修课程,"线路工程"是"站场与枢纽规划设计"的前修课程,这三门课程的关联性很强,且课程与课程之间不存在相互重复、界限不清等问题。可以考虑在现有课程体系的基础上适当调整课程教学内容、教学理念、教学方法以及考核方式等方面的内容,根据专业特色,建设轨道交通系统基础—线路工程—车站与枢纽规划与设计递进式的专业核心课程的教学团队。

3 教学团队课程教学方法的创新

课程群中各门课程的建设是教学团队建设的重点。轨道交通线站与枢纽规划设计教学团队以三门课程为基础进行教学团队的建设,以便有效实现教学资源的整合,在梳理清楚团队课程间的相互关系的基础上,确保课程之间教学内容的系统性和连贯性。教学团队建设作为推进教学改革的重要措施,应该紧紧围绕交通运输专业人才培养的要求,以课程建设为核心,优化整合课程体系,不断更新课程内容,强化实践教学环节,逐步提高课程教学质量。

教学方法和教学手段是教学的形式因素,每一门课程都有适合本门课程教学的方法与手段,需要在充分考虑学科特色以及课程教学共通性的基础上,优化课程群的教学方法。通过课堂教学、现场教学和实验教学等手段将理论教学与实际工程设计贯穿于整个教学过程,精心设计训练环节,培养学生解决工程复杂问题的能力,同时设计团队共同完成专题讨论和设计任务,进一步培养学生的团队合作精神、表达能力、交流和沟通能力等。

(1)优化课堂教学内容

在课堂教学过程中采用启发式、讨论式和探究式的教学方法,引导学生从被动式学习向主导学习的方式转变。对于某些基础类知识点,在课程讲授内容安排上,适当留有一定的"未知点"或问题,指导学生通过自学方式,寻求答案,培养学生独立分析与解决问题的能力,激发学生的求知欲。对于当前轨道交通系统规划设计的规范及技术热点等方面的内容,可以展开专题讨论,培养学生的表达能力与独立思考的能力,加深对所讲述要点的理解。同时,适当增加实际案例分析,鼓励学生共同参与案例的分析与讨论,培养其分析问题与解决问题的能力,激发学生的钻研精神和对专业知识学习的热情。

(2)加强工程实践教育

加强工程实践教育是本课程群改革的主题。在系统讲授课程基本理论知识和方法的基础上,将最新的设计理念、工程规范、运输组织案例、前沿技术等融入教学内容中,使学生能够理论联系实际,增强学生的工程师素养、创新意识以及专业前沿视野,为培养卓越工程师奠定良好的基础。同时,改革课程理论实践学时比例,增加课内实践环节,增强学生动手能力和创新意识。

(3)完善课程大作业与课程设计

"线路工程"课程一般设有牵引计算、铁路选线设计两次大作业,"站场与枢纽规划设计"课程也一般设置中间站、编组站车站平面设计两次大作业,站场与枢纽课程还有独立的区段站课程设计。优化目前课程大作业、课程设计的内容、完成形式等,如预留一定的自定义范围和作业内容扩充余地,采用小组合作完成和个人独立完成等不同完成形式等,能够在培养学生对知识的综合运用能力、同学间的沟通能力与团队协作精神的同时,鼓励不同能力水平的学生提高其完成作业目标要求的高度,让学有余力的学生充分发挥其创新、综合能力。同时,加强教师与学生在课下的交流与讨论,可以建立公共邮箱、微信群等,便于学生询问课程或作业相关问题,也便于教师分阶段布置课程任务。

4 教学团队师资建设

师资队伍是课程群建设的主要内容,教学团队应该以课程群负责人为核心,优化成员队伍结构,知识素质技能互补的教师之间分工协作,优势互补。教学团队的老师要树立"以本为本"的理念,积极投入本科生教学,通过青年教师担任助课等多种形式,帮助青年教师积累教学经验,提高教学水平。教学团队定期进行教学研究与探讨,根据交通运输专业的发展方向以及行业发展需求,更新教学团队的教学内容,创新教学方法,开发教学资源,加强教学研讨和教学经验的交流,编写教学团队的教材和教学大纲,建设精品课程,全面提高教师队伍整体素质。

目前,"轨道交通系统基础""线路工程""站场与枢纽规划设计"这三门课程的教学是由各教师独立完成的,课程教学过程相对独立,教师之间缺乏有效交流。但由于这三门课程的关联性很强,亟须授课教师熟练掌握三门课程的内容,即需要在建设轨道交通系统引论—线路工程—车站与枢纽规划设计专业核心课程的同时，加强相关课程师资队伍的建设，确保授课教师能够同时胜任三门课程的教学。课程教学团队建设考虑教师梯队的建设，保持课程建设的延续性，可以传帮带和老中青相结合，以全面提高团队教师队伍整体素质。

5 结语

基于轨道交通运输行业大发展的背景，结合交通运输专业特色以及轨道交通行业对创新人才的需求，围绕轨道交通车站与枢纽规划设计与运输组织方向，需要进行轨道交通车站与枢纽规划设计教学团队建设。本次教学改革在全面梳理相关专业课程的知识点，分析其内在关系及对交通运输专业培养目标的支撑状况的基础上，建成了轨道交通系统基础—线路工程—车站与枢纽规划设计层次清晰的专业核心课程教学团队。进一步优化调整了教学团队课程教学改革的教学理念和教学方法，将理论教学与实际工程设计贯穿于整个教学过程，培养学生的团队合作精神、表达能力、交流和沟通能力等。对推进教学改革、推动教师队伍建设、提高本科教学质量具有重大意义。

参 考 文 献

[1] 王正斌，汪涛. 高校教学团队的内涵及其建设策略探讨——西北大学教学团队建设的探索与思考[J]. 中国大学教学，2011(03)：75-77 + 86.

[2] 章兢，傅晓军. 谈基于课程或课程群的教学团队建设[J]. 中国大学教学，2007(12)：15-17.

非铁路背景高校交通工程专业城市轨道交通教学改革探讨

武晓晖　姚　明　何美玲

（江苏大学，江苏镇江，212013）

摘　要　本文基于对非铁路背景高校交通工程专业城市轨道交通教学现状的分析，从培养目标、课程体系及教学方法三个方面提出教学改革要从社会需求和学生发展需求出发，建立重视基础、重点突出的课程体系，并展开互联网基础下新型模式的混合教学，同时结合江苏大学交通工程专业人才培养的实例进行了针对性分析，从而为今后城市轨道交通方向的教学改革提供一定的参考。

关键词　非铁路背景；城市轨道交通；教学改革

目前，我国已有40多座城市开通了以地铁、轻轨为主的城市轨道交通线路，线路里程持续快速增长。为了适应城市轨道交通的迅猛发展，国内100余所设立交通工程专业的高校大部分开设了与此相关的课程。其中具有传统铁路背景的只有原铁道部所属的为数不多的几所高校，其余的高校大多不具备铁路背景，教学、科研和学生就业的重心也不在轨道交通方向。因此，社会需求与教学、科研的方向产生了偏差和矛盾，非铁路背景高校交通工程专业城市轨道交通教学需要在充分考虑行业发展和专业培养目标的基础上，进行相应的改革，确保人才的培养工作适应城市轨道交通发展导致的交通工程领域的变化。

1　教学发展现状分析

轨道交通在现代交通中的影响广泛，城市轨道交通的教学对于交通工程专业不可或缺。2018年，笔者以中国工程教育专业认证为契机，对部分高校交通工程专业进行了调研。通过网络检索、实地考察和与同行交流等方式，发现在非铁路背景高校中，开设城市轨道交通类课程数量较少，教学方式以根据课本进行知识点介绍为主。在教学改革方面，交通工程专业是培养专门的城市轨道交通人才还是培养可以与城市轨道发展相衔接的交通人才，以及由此引发的对课程体系和教学、实践环节相关的讨论，是受到关注的焦点。其根本原因在于新中国成立以来，铁路相关的教育资源相对集中，铁路系统相对独立，轨道交通教学体系相对复杂；非铁路系统高校的轨道交通教学起步晚，基础薄弱，与产业结合不紧密，但在城市轨道交通大发展的潮流中，行业对掌握轨道交通专业知识的人才需求大为提高，大部分高校希望可以更深入地参与其中，在满足社会发展需要的同时，实现本校交通工程专业的转型与发展。

但受限于专业积累不足,建设投入较少,目前许多院校在进行轨道交通方向教学过程中面临的现有条件与发展需求之间的矛盾较为突出。

在探索解决这一矛盾的过程中,上海工程技术大学通过与轨道交通企业合作,成立了城市轨道交通学院;苏州大学通过整合既有院系和原铁路院校,也建立了轨道交通学院。这种整合需要学校甚至更高层面政策、资金等方面的支持,对于绝大部分高校来说,这两种模式如果没有合适的契机是难以复制的。在有限的教学和社会资源条件下,从培养目标、课程体系、教学实践等方面入手进行改革,是大部分院校培养适应时代需求的交通工程人才的一条可行之路。

通过上述分析可知,不具备铁路背景的高校交通工程专业进行城市轨道交通教学改革,首先要以社会对交通工程人才的需求和学生个人发展为原则明确培养目标,在此基础上制定课程体系,并采取适当的教学方法和实践手段使其得以实现。

2 培养目标的优化调整

从城市轨道交通人才的需求来看,规划、设计、施工、监理和运营等环节都需要大量的相关专业毕业生。由于轨道交通系统的复杂性,还涉及土木、建筑、电气、通信、信号等专业,目前,规划和设计工作主要面向铁路背景高校的研究生,运营工作同样主要面向此类院校及相关高职院校。非铁路背景交通工程专业本科生的就业主要集中在土建工程的施工、监理两个方面,同时,这也是交通工程其他专业方向人才就业的主要领域。学生毕业以后有相当比例进入施工、监理企业,他们从事的工作也与轨道交通有直接或间接的联系。从学生个人成长的角度看,就业与攻读研究生始终是普通高校本科生的两大发展方向;学生从交通工程专业毕业后,参加各个城市轨道交通公司和铁路公司的公开招聘,或者选择具有铁路背景高校的轨道交通专业攻读研究生,目前来看虽然成功的比例不高,但也不失为一个好的选择。

可以看出,交通工程专业本科毕业生初期主要从事土建施工和监理方面的工作,若涉及轨道交通相关的领域,就需要培养学生对轨道交通系统的整体认知,并且要求学生对工程知识有较深的理解;而不直接从事轨道交通项目的学生则更应掌握其与其他交通方式在各个环节的协调与衔接。从长远的发展和学习进修考虑,除了上述内容,还应重视对科学素养的培养,使学生了解和熟悉轨道交通领域的科学问题。总之,培养目标应立足工程,适度扩展,重视交通方式的融合,以适应社会需求并满足学生发展需要。

3 课程体系及内容的完善

根据以上对培养目标的分析可知,课程体系的构建首先需要具备一定的完整度,加强涵盖普速铁路、高铁在内的轨道交通发展历史及技术、工艺进步历程等相关基础知识教学,使不具有轨道交通知识基础的学生能够由浅入深地了解整个城市轨道交通系统的构成以及从规划到运营的全过程。同时需要突出工程技术知识重点,加强设计、施工原理、方法和工程实例的相关讲解。对于轨道交通车辆、客流预测、运营组织等内容,应注意与其他课程的衔接与配合,并从交通工程的视角进行解读和适当延伸。例如,在客流预测部分重点讲解城市轨道交通客流预测的特点及与其他交通方式的不同之处，适当省略前置课程已经学习过的内容、方法等。再如轨道交通票价方面，可以扩展一些客票定价的研究进展，鼓励学生自主检索和归纳总结，从交通专业的角度发现和分析问题。与之相反的，在高校压缩专业课学时的大背景下，对电力、通信等内容进行必要的删减和学时的压缩。

因此，本文认为课程体系应包括城市轨道交通概论、规划与设计、运营组织三大部分，并在江苏大学交通工程专业进行了实践。2016 年版培养计划修订过程中，将原有的一门“轨道交通”课程增加为“城市轨道交通概论”“城市轨道交通规划与设计”“城市轨道交通运营组织”三门课程，在后续教学评价以及学生的培养方面效果良好。目前面临的进一步挑战是课时压缩大背景下的课程体系调整。当然，如果时机成熟，将城市轨道交通作为一个专业方向进行发展可能是更好的选择。

4 教学方式的改革

在“互联网 + 教育”理念的背景下，基于慕课(MOOC)、雨课堂等的混合式教学越来越受到高校的重视。基于轨道交通领域的传统优势高校开通的 MOOC 提供了优质的线上教学资源，雨课堂的应用使课前预习、课中学习、课后复习的环节可以与网络充分融合，这些都为非铁路背景高校交通工程专业的城市轨道交通教学工作提供了新的选择和强有力的支撑。

但值得注意的是，在缺乏铁路类前置课程和专业课学时压缩的情况下，直接使用 MOOC 资源对于学生难度较大，同时也难以保证足够的学习时间。为了解决这些问题，教师可以先了解相关 MOOC 资源，选取适合本校学生学习的内容，添加有助于学生理解的背景知识，进行资源整合；然后再通过雨课堂推送至课前预习，引导学生自主学习和思考。上课的过程中可以通过习题应答系统检验预习效果和进行课堂讨论，有针对性地对知识点查缺补漏和进行后续教学。下课后推送复习题目，检验学生学习效果。

由于很多城市还没有地铁，在实践环节中，到传统铁路、高铁车站参观学习也是一个很好的选择。通过对铁路站场的实地考察，可以让学生直观地了解道岔的连接形式，也有助于对城市轨道交通车辆段布局的学习。同时，可以引入虚拟仿真软件，搭建虚拟的轨道交通网络，并模拟车辆运行，从而加深对所学知识的理解，培养学生的应用能力。

此外，在课程考核方面，同样应做到预习评分、课堂表现、作业成绩、考核成绩等多种形式相结合，这样不仅能全方位检验学生的学习效果，也能通过评价达到对各学习环节的促进作用。

5 结语

非铁路背景高校城市轨道交通的教学有其自身的特点，在向具有传统轨道交通优势的院校学习的基础上，也需要在培养目标、课程体系和教学方法上有所区别，应立足于社会和人才发展需求，制定针对性的课程体系，深刻理解“互联网 + 教学”理念，在教学和实践环节进行必要的创新，从而为轨道交通行业输送优秀的人才。

参 考 文 献

[1] 王帅国. 雨课堂:移动互联网与大数据背景下的智慧教学工具[J]. 现代教育技术,2017,27(05):26-32.

[2] 张岩. "互联网+教育"理念及模式探析[J]. 中国高教研究,2016(02):70-73.

[3] 杨芳,张欢瑞,张文霞. 基于 MOOC 与雨课堂的混合式教学初探——以"生活英语听说"MOOC 与雨课堂的教学实践为例[J]. 现代教育技术,2017,27(05):33-39.

[4] 郑瑞强,卢宇. 高校翻转课堂教学模式优化设计与实践反思[J]. 高校教育管理,2017,11(01):97-103.

基于翻转课堂建设的混合式教学探索与思考
——以城市轨道交通规划与设计课程为例

陈绍宽 毛保华 丁 勇 梁 肖 柏 赟 刘 爽
(北京交通大学 交通运输学院,北京,100044)

摘 要 高等教育是国家发展水平和发展潜力的重要标志,而教学方法的改革则是实现高等教学水平提升的一项有效途径。国内高校长期以来采用传统的课堂讲授、课后复习的单一教学模式,这种模式对于教学对象的学习能力差异考虑较少,导致无法达到良好的教学效果。翻转课堂教学理念的出现改变了传统教学资源的时空分布模式,为学生根据自己学习能力选择差异化配置的学习资源提供了可能。本文以城市轨道交通规划与设计课程为例,探索基于翻转课堂建设的混合式教学模式,在建设在线学习资源的基础上,制订翻转课堂教学的详细方案,并结合教学试点工作给出了开展混合式教学的结论和思考。

关键词 翻转课堂;混合式教学;MOOC 课程;主动学习

1 引言

随着信息技术的飞速发展,国内外高等教育的理念与方法也产生了前所未有的变革,从计算机辅助教学的引入,到远程网络教学、精品课程与视频公开课程建设、大型开放式网络课程和小规模限制性在线课程(Massive Open Online Course & Small Private Online Course, MOOC & SPOC)平台的开发应用,向全社会开放教育资源的趋势越来越强,建设全民学习的学习型社会成为中国未来教育发展的主要方向。作为以微课、翻转课堂为特色的混合式教学方法正逐步成为高等教育教学方法改革的重要组成部分。

城市轨道交通规划与设计课程是国家级精品课程与资源共享课程,经过近 15 年的努力完成了以国家级规划教材、课程视频、富媒体教学素材等为主的教学资源建设,具备开展新型教学模式探索的坚实基础,通过本研究旨在建成以在线翻转课堂为特色的混合教学模式的新型课程,以提高学生的学习主动性和效率。

2 国内外研究现状

2017 年,美国有 670 万名学生采用远程教育的方式学习,其中超过一半采用了在线学习的教学方式。我国近年来网络教学资源和课程平台发展迅速,以中国大学 MOOC 平台为例,合作高等学校已超过 600 所,建设课程数千门,为新型教学模式的探索与发展奠定了基础。

翻转课堂(the Flipped Classroom)的概念由 Lage 和 Platt 在 2000 年提出,后来在美国中学

的教学中首先广泛使用起来。2011 年萨尔曼 · 可汗(Salman Khan)在 TED(Technology Entertainment Design,美国一家私有非营利机构)大会上的演讲报告《用视频重新创造教育》中提道:很多中学生晚上在家观看可汗学院(Khan Academy)的数学教学视频,第二天回到教室做作业,遇到问题时则向老师和同学请教。这与传统的"老师白天在教室上课、学生晚上回家做作业"的课堂模式正好相反,因此被称为"翻转课堂"(国内也有其他学者译为"颠倒课堂")。

翻转课堂教学模式的研究得到了世界范围内的关注。自 2012 年起,国际上有关研究逐年增长。如图 1 所示,由 SSCI 检索系统统计可知(按 Flipped Classroom 为篇名搜索),研究成果发表数量从 2011 年的 3 篇快速增长到 2017 年的 418 篇,之后有一定幅度下降。根据 CNKI 统计结果,国内篇名涉及"翻转课堂"的研究成果则从 2012 年的 13 篇迅速增加到 2019 年的 4812 篇(图 1)。这些研究趋势表明了国内外教育工作者对翻转课堂教学模式的高度关注。Johnathan 等给出了一个针对一年级研究生开展传统教学模式和研究型教学模式流程的研究,研究发现二者主要的区别在于学生需要提前预习和学习相关内容,此外后者强化了课堂讨论的时间和强度,更加强调过程学习。

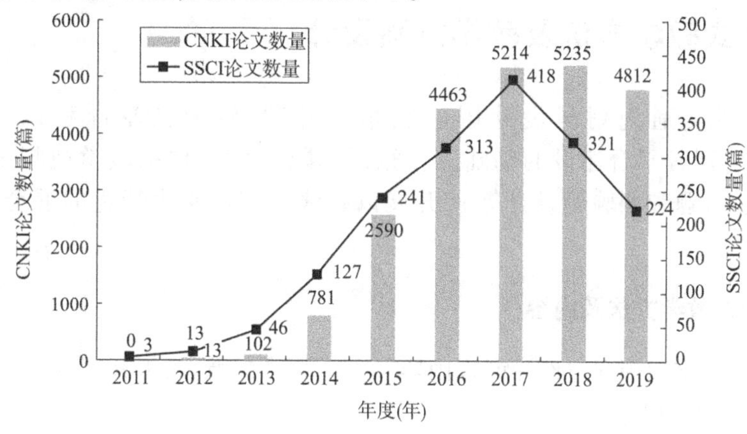

图 1　翻转课堂教学研究论文的发表情况比较

通过对国内外文献及相关研究的总结可知:与传统课堂相比,翻转课堂教学模式在教师与学生的角色、教学形式、课堂内容、技术应用和评价方式方面都有一些显著的改进。总体上看,就是发挥教师更多的指导功能,引导学生主动学习,创造条件,调动学生研究性学习的积极性。具体转变内容见表 1。

传统课堂与翻转课堂的教学特点比较　表 1

比较项	传统课堂		翻转课堂	
	内容或作用	形式或途径	内容或作用	形式或途径
教师	知识传授与课堂管理者	课堂讲授、考勤	学习指导者、促进者	进度控制、难点讲解、答疑
学生	被动接受者	上课听讲、做笔记	主动研究者	质疑、研讨和辩论
教学形式	课堂讲解 + 课后作业	习题和作业	课前学习 + 课堂探究	在线视频学习及练习后形成学习难点疑点集,深入探索进行解决

续上表

比较项	传统课堂		翻转课堂	
	内容或作用	形式或途径	内容或作用	形式或途径
课堂内容	知识讲解传授	教学内容以教材为主	问题探究	以研究性教学为主
技术应用	内容展示	课堂 PPT、视频为主	自主学习、交流反思、协作讨论工具	MOOC&SPOC 平台、教学视频、视频会议软件
评价方式	传统纸质测试	考勤、课堂提问、作业和考试	多角度、多方式	视频观看、在线习题、作业与测试、难疑点研讨表现、课堂活跃度、研究性教学成果、考试等

3 混合式教学方法及教学方案设计

在城市轨道交通规划与设计国家级精品课程、资源共享课程以及中国大学 MOOC&SPOC 等课程平台建设的基础上,通过微课程建设(包括教学视频录制、富媒体教学资源开发、习题和测验题设计等),开展以在线翻转课堂为特色的混合式教学方法研究。

3.1 混合式教学方法及内容

针对城市轨道交通规划与设计课程内容和翻转课堂的特点,拟开展混合式教学模式的探索,主要研究内容如下:

(1)线上学习资源建设

翻转课堂建设的基本条件是学生课下学习资源的开发建设,完整而丰富的线上课程资源能够提高学生学习的效率和效果。线上学习资源包括课程知识点的讲解视频、随堂测验、章节测验和作业、课程讨论题、调查问卷等,建成后通过课程线上平台发布供学生学习。课程新版教材的编著面向学生线上学习的需要,开发了相应的二维码线上资源链接功能,将平面教材难以展示的富媒体资源和一些拓展资源通过网络推送给学生。本课程线上学习终端采用中国大学 MOOC 平台向社会发布课程资源,通过其 SPOC 平台向校内本专业方向学生发布个性化学习资源。

(2)翻转课堂建设

改变传统课堂授课以讲为主的模式,建设以知识讲述、课堂练习、分组讨论、答疑与点评、汇报与探索为主的新型课堂。翻转课堂内融入案例分析、练习、测验、研讨、汇报、答疑等环节构成微教学活动,形成围绕课程教学大纲的成体系的翻转课堂教学活动。进一步结合信息技术发展课程平台建设成果,教师与学生可建立不受空间限制的翻转课堂。例如,2020 年新冠肺炎疫情期间,通过腾讯会议等软件开展非接触式翻转课堂,研讨学习难疑点、检查学生学习进度。

(3)混合式学习模式建设

改变传统课堂听讲、课后练习的单一学习模式,培养学生建立课堂面授答疑、练习、测验、研讨、汇报、探索与课外观看课件、查阅资料、复习与存疑相结合的学习模式。根据课程内容特点,采用课堂面授、课外视频学习、在线辅导与督促等手段,将微教学活动衔接成有机整体,广泛发动学生自主学习积极性,帮助学生通过各种途径主动学习、研讨专业知识,积极推进教师与学生混合教学方式的日常化,改变传统课堂学习教师一讲到底、课后学生答疑研讨困难的情况。

3.2 翻转课堂教学方案设计

以“城市轨道交通规划与设计”课程开展翻转课堂教学方案设计,主要包括以下三个主要步骤:①翻转课堂教学资源准备(以 MOOC 课程建设为依托的线上学习资源建设);②课前(线下)教学任务初步设计(结合教材、PPT、视频、参考资料、任务书、课堂测试题设计等进行);③课堂教学任务初步设计,包括内容模块划分、流程安排、评价方式等。

以“城市轨道交通规划与设计”课程第 8 章“城市轨道交通车辆基地设计”为实例设计翻转课堂详细教学方案,具体如下:

(1)学习内容分析

本章为“城市轨道交通车辆基地设计”课程教学的核心内容之一,计划授课学时为 6 个学时。该部分内容是整个课程中实践特色较突出、知识综合运用要求较高的教学环节,难度较大,涉及基础知识掌握、总平面布局设计、车辆基地规模确定、车辆基地平局布局设计以及车辆基地能力计算等内容。研究性教学中可开展车辆基地选址与基本图式确定、车辆运维模式与基地规模分析、基地平面布局与土地利用优化以及车辆基地能力计算与作业效率评价等具有拓展延伸空间的教学内容,培养学生综合且灵活运用该章知识以及 AutoCAD、OpenTrack、AnyLogic 等设计评估软件的能力。

(2)学习目标分析

本章内容在翻转课堂学习中拟实现的目标包括:

①车辆基地设计基本概念和基础知识的导入。

②结合线路条件、运营需求和土地利用状况确定车辆基地选址方案、基本图示和总体规模。

③总平面布局方案的设计与实现。

④在车辆运维需求分析的基础上,研究车辆基地各类线路规模及分配方案、各场库平面布局设计与衔接线路设计方案。

⑤结合不同时段运营组织需要分析车辆基地作业能力、车辆出入段能力、检修能力等,并尝试使用评估分析方法和软件对车辆基地作业效率进行评价。

判断学生是否达到学习目标的方法:

①通过 MOOC&SPOC 课程平台学习数据、MOOC 课程小程序课堂练习完成情况数据、课堂提问等检验学生对基本知识点的掌握程度。

②结合实际案例,通过课堂分组研讨、专题汇报等判断学生对总平面布局设计、总平面布局设计、车辆基地规模确定、车辆基地平局布局设计以及车辆基地能力计算等内容的掌握程度。

③结合研究性教学课进行分组交流、质询与评判以及设计方案探索过程的总结，判断学生应用 AutoCAD、OpenTrack、AnyLogic 等工具完成车辆基地设计方案的情况。

(3)学习者的特征分析

通常学生分为主动学习型、跟随学习型和被动学习型三类，大体上呈现 2:4:2 的群体分布特征。

①主动学习型：通常课堂课外学习活跃，无须督促，能主动完成学习任务，甚至提出更多的学习和研究需求，这类学生需鼓励其成为翻转课堂教学中的中坚力量，主动承担带动其他学生学习的任务。

②跟随学习型：通常按要求完成学习任务，缺乏强烈求知欲，需要通过精心组织课堂内容并通过第一类学生感染和带动，有较大可能成为学习活跃的成员。

③被动学习型：通常需要教师通过作业、考试等方式督促其学习，甚至个别学生基本不学习，通过督促以及翻转课堂中前两类学生带动使其成为跟随学习型。

翻转课堂设计需要考虑好课堂内容的设计和安排，确保教学研讨效果，避免出现气氛不活跃、内容吸引力差等情况，一定要提前做好充分准备。

(4)课前(线上)学习任务详细设计

①《城市轨道交通规划与设计》教材中“城市轨道交通车辆基地设计”部分内容的阅读，《地铁设计规范》(GB 50157—2013)相关内容的学习。

②中国大学 MOOC 平台上教学视频的自学和观看。

③《城市轨道交通车辆基地研究性教学任务书》的自主学习。

④与地铁车站设计、能力分析、效率与服务水平分析相关的拓展文献阅读。

⑤研究性教学所需数据的实地调查、收集与初步分析。

⑥分组形成研究性教学成果报告、汇报 PPT 等。

(5)课上学习任务详细设计

本章翻转课程设计包括 6 个学时，其中 4 个学时用于课程理论教学内容的学习研讨、问题探究等，2 个学时用于课程设计方案的汇报、点评、研讨和评价。

理论教学内容分为 2 个模块，每模块 2 个学时，完成总平面布局设计、总平面布局设计、车辆基地规模确定、车辆基地平局布局设计以及车辆基地能力计算等教学内容的研讨和效果评估。

每模块基本教学流程包括以下内容：

①教师导入本模块主题(15 分钟)。

②学生结合课前准备，以讲述、汇报形式展开本模块主要内容，要求在教材内容基础上进行拓展，重点是教材之外的内容(2 组，每组 20 分钟)。

③本模块教学内容的研讨、质询、答疑等，深化讲述、汇报内容，并提出进一步深入研究的内容(30 分钟)。

④本模块教学效果的评估，通过分组练习、测验以及互评等方式(可借助中国大学 MOOC 平台课程小程序)展开(15 分钟)。

⑤教师或学生总结本模块学习成果(5 分钟)。

研究性教学内容为 1 个模块 2 个学时，用于研究性教学中车辆基地选址与基本图式确定、车辆运维模式与基地规模分析、基地平面布局与土地利用优化,以及车辆基地能力计算与作业效率评价等研究方案汇报及典型问题的研讨。

每模块基本教学流程包括以下内容:

①学生分组汇报教学内容(4 组,每组 15 分钟)。

②针对上述两组汇报内容展开研讨、点评(4 组,每组 10 分钟)。

4 结语

结合多年教学工作,并通过近年对以翻转课堂为特色的混合式教学方案的试点,获得以下结论和思考。

(1)学生主动学习积极性及课堂效果有所提高

与传统单一课堂授课方式相比,混合式教学中教师在课前(线上)教学资源建设中投入较多精力,为学生提供了学习基本知识点的良好平台。教师在课堂教学中改变讲课模式,通过丰富学生课堂的教学环节,增加习题练习、互动交流、小测评、问题研讨等,增强学生课堂注意力、提高教学效果。

(2)研究性教学学生参与度和主动度更高

课程设计和研究性教学内容的特点更适合开展翻转课堂教学模式。相比较而言,这类教学内容具有较大弹性和可拓展性,强调的是扎实基础上的活学活用,学生学习主动性的发挥空间较大,学生学习主动性通过以翻转课堂为特色的混合式教学可以得到强化。

(3)翻转课堂教学模式应与具体教学内容和要求结合

对于专业性较强、逻辑关系复杂的关键教学内容,仅靠学生线上学习进行课前准备存在困难。教师应结合多年教学经验,将翻转课堂教学与课堂教授模式结合起来,充分利用信息技术与相应的课程平台,兼顾教学内容的特点实施混合式教学,这样才可能获得良好的教学成果。

参考文献

[1] Stöhra C. ,Demazièreb,C. ,Adawi T. The polarizing effect of the online flipped classroom[J]. Computers & Education,2020(4):147. https://doi. org/10. 1016/j. compedu. 2019. 103789.

[2] Lage,M. ,& Platt,G. The internet and the inverted classroom[J]. Journal of Economic Education,2000(31):11.

[3] Bergmann,J. ,& Sams,A. Remixing chemistry class:Two Colorado teachers make vodcasts of their lectures to free up class time for hands-on activities[J]. Learning&Leading with Technology,2009,36(4):22-27.

[4] 林君芬,张文兰,黄国洪,等. 颠倒课堂:教育技术应用新热点[J]. 教育信息技术,2013(3):3-8.

高校混合式教学中线下教学组织创新与实践

黄世泽[1]　刘晓静[2]　肖军华[1]　黄沙里[3]

(1. 同济大学　交通运输工程学院,上海,201804;
2. 江苏联合职业技术学院　无锡汽车工程分院,江苏无锡,214000;
3. 同济大学　电子与信息工程学院,上海,201804)

摘　要　混合式教学是传统面对面教学和网络教学实现优势互补的教学模式。在混合式教学开展过程中,线下课程如何更好地组织才能取得更好的教学效果,一直是困扰广大教师的问题。本文结合工科教学特点,基于长期教学实践,探索出了符合新时期人才培养要求的线下教学组织方式。首先进行知识点的串联,将学生线上课程获得的零碎知识点串联成完整的知识体系;其次通过大量的案例和深入分析,对基本概念、基本原理和基本分析方法进行深入讲解,加深学生对知识点的理解;再次,通过引入知识点相关的工程案例,通过案例分析、小组讨论、生讲生评和师讲生评等多种形式,培养学生分析问题和解决问题的能力;最后结合知识点的特点,引入案例进一步培养学生的思辨精神、匠心精神和爱国情怀,通过无缝式的融入,达到课程思政教育效果。通过线下教学的合理设计,帮助学生从课堂的被动聆听者,变成了知识的探究者,从而实现学术教育、能力培养和价值观念传递的综合目的。

关键词　混合式教学;线下组织;教学改革

互联网的发展正深刻地影响着我们所处的时代,信息技术不仅是变革社会发展的重要力量,也是撬动教育改革的巨大杠杆。2019 年的政府工作报告中指出,要“发展‘互联网 + 教育’,促进优质资源共享”。这是将“互联网 + 教育”上升到了国家战略层面,寻求依托网络信息技术支撑的教育改革新生态。落实“互联网 + 教育”,近年来,基于信息化平台的慕课(MOOC)是大学教育中广泛推崇的教育新趋势。MOOC 平台的运用不单纯是教学资源的共享和学习方式的变化,更是对教学组织提出了较高要求,构建“MOOC + 线下见面课”的混合式教学能够充分发挥网络教学和面对面教学的优势互补,实现教学模式的创新。然而,由于大学生学情的复杂性以及教师对 MOOC 平台运用理解的差异性,目前的高校教学对混合式教学模式的研究主要集中于线上课程资源的开发、实施和教学互动,鲜有对线下课程教学组织改革的思考。显然,区别于传统教学模式,混合式教学的线下教学组织不能沿袭传统教学的教师讲、学生听的被动教学形式,也不能是对线上课程的单纯复述,教师应当做好线上、线下教学的综合设计,丰富教学手段,充分发挥学生的主体作用,培养学生的创新能力。

1　混合式教学模式线下教学组织的现状分析

随着信息技术的发展,国内外混合式教学已经经历了 20 多年的发展,自 20 世纪末起,混合式教学经历了技术应用、技术整合、“互联网＋”三个阶段的演变，成为公认的未来教育“新常态”。在当前的“互联网＋教育”的背景下，教育者逐渐弱化对技术应用的关注，转而对教学策略和方法展开研究，试图为学生营造一种高参与度、个性化的学习体验。

然而，经过多年实践和观察，我们发现在混合式教学中，如何以学生为中心更好地进行线下教学的组织，一直是行业内普遍存在的问题。尤其对于工科学生来说，大学教育不仅要培养他们科学的专业知识体系，还要培养他们的创新和实践能力，更要将课程的专业目标和立德树人的德育目标相结合，为社会培养专业过硬、道德高尚的专业人才！利用混合式教学模式的线下组织，我们亟须解决以下问题。

(1)线上、线下课程内容如何衔接匹配？

线上课程和线下课程的分配是混合式教学的难点。如果线下课程继续重复线上课程的内容，那么很多学生会选择不看线上课程内容，或者对线下课程内容提不起精神，甚至极端情况下，部分学生会选择放弃线上课程的对应考核分数。如果线下课程老师完全不顾线上课程的内容，直接进行讨论课，那么由于学生的层次不同，线上教学效果将无法评估，这会导致很多学生在基本概念没有理解的情况下直接进入讨论，大大降低教学成效，甚至效果反而不如纯线下课程好。

(2)对于工科专业课，线下课程中课程思政如何融入？

工科教学的目的是培养未来的工程师，除了通过培养计划培养学生具有扎实的专业功底外，学术道德、职业素养和社会责任的培养更为重要，如何通过工科的课堂教学，嵌入式无缝融入思政教育显得尤为迫切。目前关于课程思政的研究中，大多限于学习先辈的优良品德，与真正的课程思政目标还有一定距离。在混合式教学中，学生线上课程的学习基本以专业知识为主，难以进行情感目标升华和思政教育渗透，但线上课程可以为线下授课赢得大量宝贵时间。如何利用线下的课程，结合具体实践点，嵌入式、无缝式、渗透式地开展课程思政教育是亟待解决的问题。

2 混合式教学模式线下教学组织的创新

经过多年的实践，结合培养方案特点和学情分析，我们创造性地提出工科课程的混合式教学：线上课程以基本概念和基本原理的讲解为主。线下课程首先进行知识点的串联，将学生线上课程获得的零碎知识点串联成完整的知识体系；其次通过大量的案例和深入分析，对基本概念、基本原理和基本分析方法进行深入讲解，加深学生对知识点的理解；再次，通过引入知识点相关的工程案例，通过案例分析、小组讨论、生讲生评和师讲生评等多种形式，培养学生分析问题和解决问题的能力；最后结合知识点的特点，引入案例进一步培养学生的思辨精神、匠心精神和爱国情怀，通过无缝式的融入，达到课程思政教育效果。概括而言，混合式教学组织分为线上的知识获取，线下的知识串联、知识剖析、知识迁移和思政教育环节。该方法在同济大学交通运输工程学院“电子技术基础”课程中进行了多年引用，得到了学生的一致好评，学生普遍认为不仅学到了知识，还培养了能力，更重要的是老师能够引导学生学习如何做一个合格的工程师、做一个社会主义的建设者和接班人。该教学模式同时得到了卓越联盟、教指委等权威机构的认可，获得业内专家一致好评。

以“电子技术基础”课程为例,根据教学进度安排,学生在课前全部完成 MOOC 学习,并做“弹幕题”和章节练习题。教师每次上课前通过“智慧树”和“中国大学 MOOC”等平台查看学生学习的课程进度和做题情况,根据学生的学习情况,灵活调整课程内容。学校为课程的实施建设了智慧教室,这为线下课程的灵活开展奠定了强大的硬件基础。混合式教学的线下组织具体呈现为以下几个环节(图 1)。

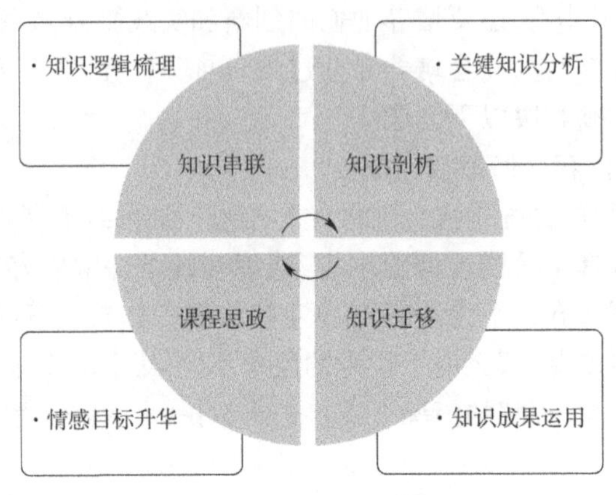

图 1　混合式教学线下组织环节

(1)线上知识点的线下串联

学生普遍反映线上的 MOOC 知识点较为零散,难以形成体系。在线下课程中,教师把相邻的知识点、前后章节的关系、知识点与其他课程的关系进行联系和梳理,让学生能把 MOOC 知识固化成自己的知识体系。比如在进行半导体器件的讲解中,通过一页 PPT 将基本原理、电气符号、电气特性、电气参数和典型应用串联,如图 2 所示,引导学生将线上学习的零散知识点形成自己的关于半导体器件的完整知识体系。

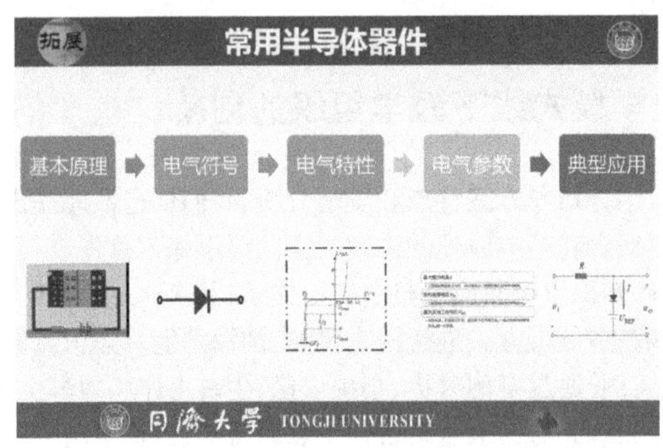

图 2　知识点串联示例

(2)线上知识点的深入剖析

线上 MOOC 因为拍摄时间和展示手段等限制,知识点无法展开讲解。在线下教学中,对 MOOC 知识点进行回顾,通过大量的举例对概念进行进一步的阐述。比如在介绍反馈的概念时,线上课程大多对概念进行简要介绍,线下课程则可以针对概念的四个关键词分别进行展开,让学生加深对概念的理解,如图 3 所示。

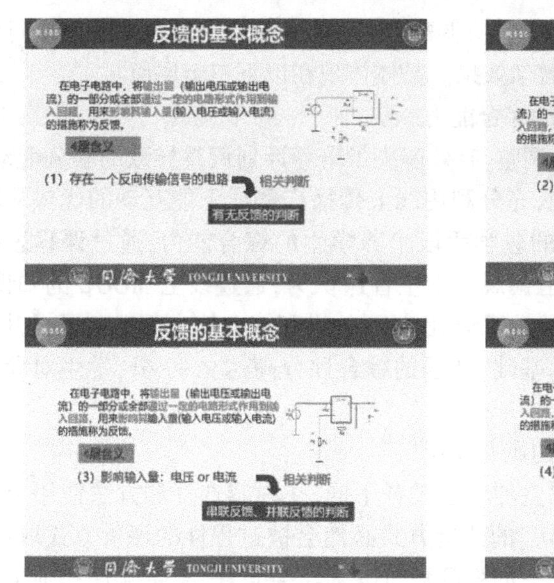

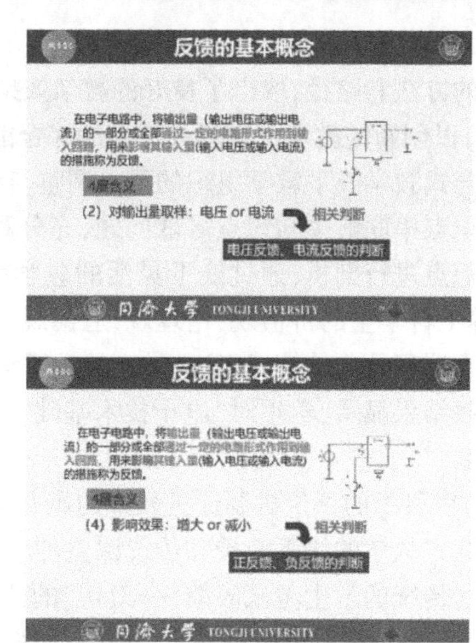

图3　知识点深入剖析示例

(3)线上知识点的迁移运用

混合式教学为线下课程争取了大量的教学时间，可以开展一系列的教学手段创新，比如可以采用案例讨论、辩论赛等形式，培养学生的思辨精神。通过设置一些开放性的题目，采用学生课前搜集资料，课上汇报分析，学生和老师点评的形式，培养学生分析问题和解决问题的能力，提高学生专业知识迁移的灵活性，如图4所示。

图4　线下课堂学生讨论

(4)实现课程思政与专业教学的无缝衔接

线下教学中，结合知识点的特点，引入案例进一步培养学生的思辨精神、匠心精神和爱国情怀，通过无缝式融入达到课程思政教育效果。课程成功探索出一套教学方案，即通过工程事故培养学生的职业素养、通过工程成就培养学生的爱国情怀、通过技术发展脉络梳理及科学家的故事培养学生百折不挠的科学精神和思辨思维。

3　混合式教学模式线下教学组织的实践效果

经过多年的课程教学实践研究，以学生为中心的线下教学组织的创新实践焕发出巨大的生命力,成功探索出线上、线下课程内容协调配合的路径,以及在工科课程中进行课程思政教育的方法和路径,取得了良好的教学效果。具体体现在以下三个层面:

(1)以创新的教学手段提高学生的综合能力

混合式教学线下教学组织的重大调整,有效解决了培养计划调整导致的学分变动问题。通过知识点串联解决知识点零散问题,充分利用线上传播广和线下能互动的优势从不同维度对知识点进行剖析,通过线下灵活的教学手段培养学生的综合能力,通过课程思政的融入,培养工科学生的价值观、伦理观、道德观。学生普遍认为,通过线上 MOOC 的知识引领,加上线下课程的非传统式组织,学生的学习动机、学习效果和综合能力都得到了提升。根据学校评教结果显示,学生对"电子技术基础"课程的综合评分高达 9.97 分,学生对课程的满意度较高。

(2)以科学的评价机制促进教师的职业发展

混合式教学的线下面授和传统课堂的教学任务不同,在内容选择和方法使用上也有区别,因此,传统的学生考试成绩"一刀切"的评价方式必然会被过程性的评价方式取代,借助网络平台、人机结合,评价方式也由单一的教师评价变为学生自评、生生互评和师生共评等多元化方式。这种评价方式的变革,也促使高校教师不仅要重视科研水平,也要重视教学研究,将教师"传道授业解惑"的使命担负起来,优化教学设计,改进教学方法,满足学生多元化的评价要求。另一方面,混合式教学中线下教学组织的改革创新对教师教学态度、教学能力、教学方法等综合素质的评价也提出了更高要求,对教师的评价方式也因网络平台的使用更为便捷、高效,教师可以及时获取学生的评价意见,灵活调整教学策略,更好地设计实施混合式教学的过程。在"电子技术基础"课程的实践应用过程中,施教教师通过对混合式教学线下课程的教学研究,通过参加学科内部的论坛活动和国家级别的教学比赛,向更多同行介绍混合式教学的线下组织方法,得到了国内专家的高度评价,实现了教师的自我职业成长。

(3)以开放的教学环境带动教学改革的实现

混合式教学营造了开放的教学环境,线上教学平台能够推送更多优质的教学资源,进行学生学习数据的采集和分析。而在线下教学组织的创新与实践过程中,教师也突破了原有的教学环境桎梏,通过智慧教室、研讨式互动课堂、探究型学习小组等建设,搭建开放式的物理教学环境;通过教学手段的引领、教学方式的变革,拉近师生距离,体验师生角色互换,为学生提供施展才华与能力的舞台,为学生搭建开放式的文化心理环境(图 5)。混合式教学线下教学组织的创新实践,打破了传统教学模式,真正体现以学生为中心,实现了"翻转课堂"的教学改革。

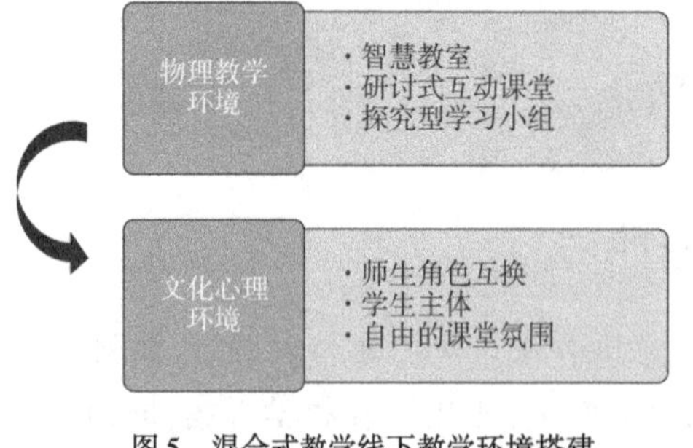

图 5　混合式教学线下教学环境搭建

4　结语

"互联网 + 教育"为高校教育指引了方向,"线上 MOOC + 线下见面课"的混合式教学模式为教师教学打开了新思路。如何避免流于形式,用好教学资源,优化教学效果是当前高校教师教学研究的重点。通过对线下教学组织的创新实践,我们探索出一套符合教学规律,以提升学生能力、培养综合素质为目标的线下课程教学组织方案:通过知识点的串联让学生形成完整的知识体系;通过大量的案例和深入剖析加深学生对知识点的理解;通过案例分析、小组讨论、生讲生评和生讲师评等多种形式培养学生分析问题和解决问题的能力;通过工程事故、工程成就及科学家的探索过程培养学生的思辨能力、匠心精神和爱国情怀,通过无缝式地融入思政教育,成功解决了混合式教学中存在的问题。通过行业内的交流,该方法已在其他高校得到了成功推广和运用。“互联网+教育”的时代充满未知挑战,高校教师肩负时代使命,应积极探索,转变思维,组织和引导教学变革,成为学生成长路上的陪伴者和激励者。

参考文献

[1] 魏薇,谭佐军. 慕课背景下信息技术与实验教学的深度融合[J]. 中国高等教育,2017(07):54-56.

[2] 谭爽. 指向深度学习的高校“混合式教学”模式构建[J]. 中国高等教育,2019(06):51-53.

[3] 冯晓英,王瑞雪,吴怡君. 国内外混合式教学研究现状述评——基于混合式教学的分析框架[J]. 远程教育杂志,2018,36(03):13-24.

虚拟可视化教学
——从知其然到知其所以然

黎茂盛　涂　茨
（中南大学　交通运输工程学院，湖南长沙，410075）

摘　要　互联网时代的到来为新时代的教学增添了色彩，虚拟可视化教学作为一种全新的教学方法，将实体或现实场景在电脑上虚拟化显示出来，打开了学生们想象力的大门，给教育加装了翅膀，使教学更加形象和生动，让学生瞬间获得直达现场的穿透力、感受力和理解力。本文借用行人仿真软件MassMotion，通过“城市轨道交通运营管理”课程车站管理中的实例，展示“知其然”和“知其所以然”的虚拟可视化教学过程，说明教学应该是广度和深度的统一。

关键词　虚拟可视化教学；行人仿真；城市轨道交通运营管理；分析能力

1　引言

虚拟可视化教学，像是给教育加装了翅膀，增强了教师课上的表达力、感染力和传授力，让学生瞬间获得直达现场的穿透力、感受力和理解力。然而，虚拟可视化教学也分为三个内涵不同的层次，即呈示层、演变层和分析层。呈示层是利用虚拟可视化技术把实体或实际场景借助计算机显示出来的过程，这种技术的特点是强调虚拟化展现实体或实际场景，不涉及人机交互，以及动态演变过程。演变层除了能够虚拟化展现实体或实际场景外，还能够实现规则明确的人机交互过程，但是尚不能根据环境或变量参数的变化智能分析科学规律的变化。分析层的虚拟可视化教学，不仅能够使用计算机技术虚拟化展现实体或实际场景，还能智能地揭示实体或实际场景演进的科学规律。虚拟可视化教学的三种不同层次对学生已有知识储备和计算机使用能力有不同的要求，因此教师需要根据不同类型学校、学科培养人才的目标，人才的规格要求，合理做出选择。本文将通过“城市轨道交通运营管理”课程车站管理中的实例，展示这一过程，说明教学应该是广度和深度的统一。

2　知其然的虚拟可视化教学

在传统的教学过程，学生们受限于静态的书本，无法全方位、全过程地感受事物，不能对事物有生动、形象和具体的认识，因此也限制了学生们接受知识的效率。随着互联网时代的到来，电脑变得随处可见，新的数字化可视技术和虚拟交互技术也在不断发展，其中虚拟可视化技术因其巨大的教学潜力而被广泛接受和认可，这促使了教学应用的革新。虚拟可视化教学作为一种全新的教学方法，可以对现实生活中的真实场景进行模拟仿真，促进学生对事物有清晰、生动、形象的认识。

下面将以长沙火车南站作为展现对象,介绍“知其然”的虚拟可视化教学过程。长沙火车南站是连接京广高速铁路与沪昆高速铁路的重要枢纽,是中南地区的区域性铁路客运中心,也是长沙高铁新城的重要组成部分。长沙南站西站房竖向分为出站层、站台层、高架层三个部分。其中,高架层分为中间的候车厅和两端的服务区;站台层包括站房部分的站台和南北雨棚部分下面的站台;出站层包括出站大厅和东西两侧的出站通道,将东西广场连成整体。长沙南站东站房分为5层,分别为地铁一层、地铁二层、出站层、站台层、高架层,其中地上2层,地下3层。其中,高架层为候车大厅;站台层分为东、西进站口,旅客可通过实名验证进站候车;出站层(东广场和西广场)分为售票厅和出站口,旅客出站后可在东广场换乘公交和磁浮列车,或者到地下层换乘地铁。

通过行人仿真软件MassMotion构建长沙南站立体仿真模型,如图1所示。通过行人仿真软件MassMotion虚拟仿真,展示车站内部乘客的组织过程,如进站乘客,经各种不同城市公共交通进入火车南站,随后进站、购票、过闸机、上楼、进入站厅层、下楼、进入站台层、等车并上车;而出站乘客则展示相反的流程。以灰色小人作为进站乘客,白色小人作为出站乘客,具体的组织过程如图2~图6所示。

通过MassMotion进行长沙火车南站的虚拟仿真,可以真实反映乘客在火车站内的客流组织,从进站上车,到出站换乘其他交通工具,行人的运动在仿真中真实体现,形象地反映出行人运动特性和组织情况,将理论与实际相结合,激发了学生的兴趣。将书本文字中的知识,转化为立体、形象、生动的可视化虚拟仿真,实现教学的“知其然”过程,提高了学生对“城市轨道交通运营管理”课程的认知水平。

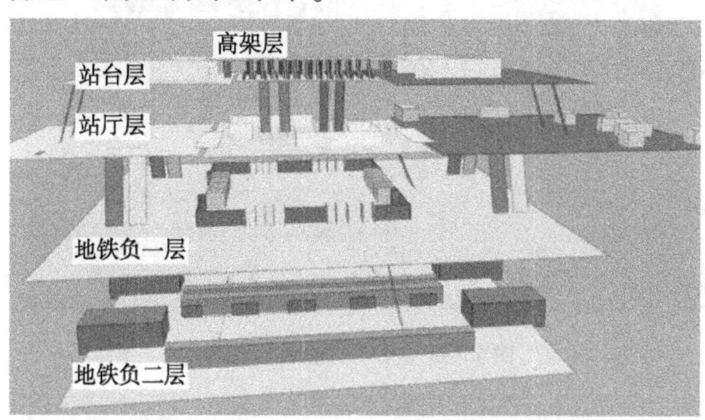

图1　长沙火车南站仿真立体布局示意图

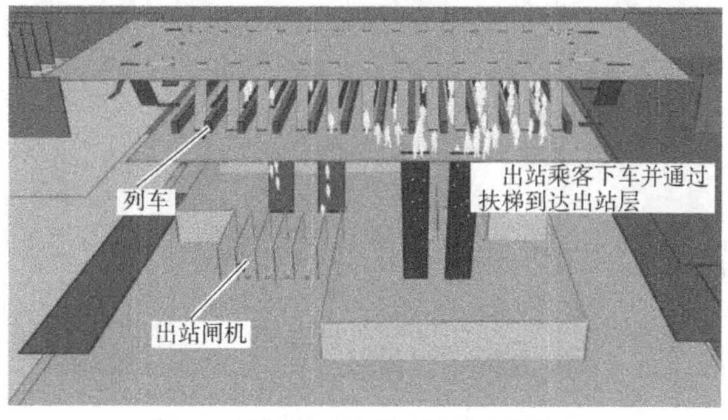

图2　出站乘客下车并下楼到达出站层

图3　地铁层乘客通过地铁下车、上楼到达进站口

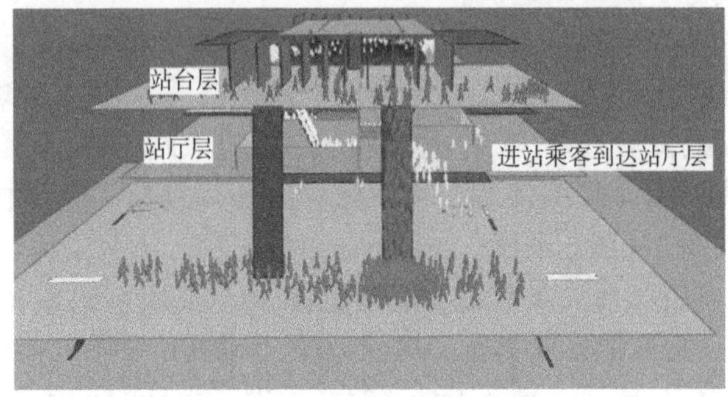

图4　进站乘客到达出站层

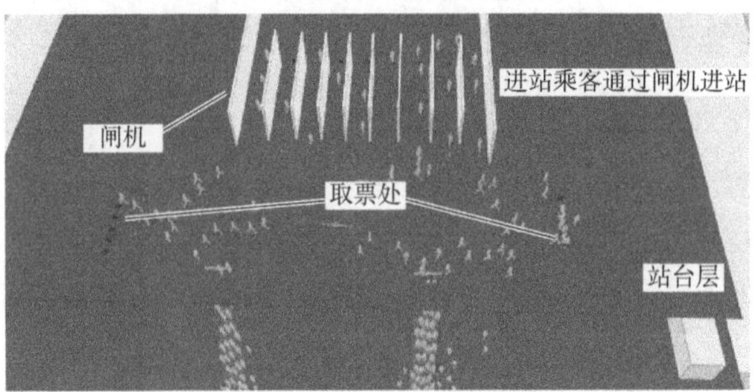

图5　进站乘客通过闸机进站

图6　进站乘客进入站厅层等车、上车

虚拟可视化教学的实施方法：以上文所述长沙火车南站客流组织的仿真实现为例，借助 MassMotion 软件实现虚拟可视化教学的具体实施方法是通过实地调研绘制建筑的布局图，随后使用 MassMotion 软件建模，设定行人相关参数，并运行模型来实现仿真。

教学过程中，教师与学生交互性操作步骤如下：

第一步：实地调研。首先需要对仿真对象的环境进行实地调研，粗略记录环境的特征和布局结构。

第二步：根据实地调研的结果，绘制详细布局图，使用 AutoCAD 软件绘制出仿真环境的 CAD 图。

第三步：设计模型。打开行人仿真软件 MassMotion，使用场景中楼面、出入口、连接、排队等工具，标记出布局图中的墙（作为边界）、障碍物（如支撑柱）、排队（行人路线）等。

第四步：细化模型，建立详细的三维仿真布局。

第五步：确认行人路线，建立出逻辑完备的行人运动流程，确定行人的线路。

第六步：加入行人流。设定行人的出发点和目的地，以及行人数量。

第七步：对前面设计的疏散路径中的各个中间参数进行设计，例如行人的期望速度、地铁车站内的人数、模型运行时间等。

第八步：运行仿真。对建立好的仿真模型确定无误后进行运行。

第九步：观察仿真结果，并不断改进仿真。

第十步：通过改变不同模块的参数设定，对各种不同的仿真结果进行对比和研究。

3 知其所以然的虚拟可视化教学

3.1 核心模型简介

Mass Motion 行人仿真软件是由 Arup 公司开发研制的下一代高级行人模拟和人群分析软件，其核心模型为社会力模型，能真实反映行人与周围行人、周围障碍物的交互情况。该模型是于 20 世纪 50 年代，德国学者 Helbing 等人在社会力这一概念基础上，基于牛顿第二定律提出的一种与离散模型完全不同的行人微观仿真模型，用来描述行人受到的周围行人的作用力和来自周边建筑物的相互作用力，是一种多粒子自驱动的连续空间模型。在社会力模型中，行人由自驱动的粒子代替，每个行人除了受到自身动机（自身要求和愿望）向着目的地运动这一作用力之外，还受到与周边行人之间相互的作用力、周围建筑物的作用力，依据牛顿的动力学定理，这三种力共同作用在运动的行人身上，将三力的合力按照动力学公式形成加速度，推动行人向着目的地前进。

社会力模型建立在牛顿力学的基础上，参考牛顿第二定律表达式$F_{合} = m \cdot a$，其原理是在前进运动的过程中，行人 i 将受到三个力的作用，即：自身愿望导致的对自己施加的驱使力、周围行人相互之间的作用力以及周边建筑物的作用力。具体的表达式如式（1）所示：

$$\vec{F}_i(t)=m_i\cdot\frac{\mathrm{d}\vec{v}_t}{\mathrm{d}t}=\vec{f}_i^{\,0}+\sum_{j\neq i}\vec{f}_{ij}(t)+\sum_{\omega}\vec{f}_{i\omega}(t) \tag{1}$$

式中，$\vec{f}_i^{\,0}$表示行人因内心愿望而产生的自驱动力，该力是建立在人自身的基础上，以人的主观意愿为主，把自己向目的地前进的想法理解为自己对自身施加的驱动力，产生行人的期望速度。$\vec{f}_{ij}(t)$表示行人与周围其他行人之间的作用力，具体可以分为社会心理力和物理力这两部分。社会心理力是指行人在运动过程中，当行人逐渐靠近其他行人时，内心会不由自主地和其他行人保持一定的间隔，这一行为将可能改变自己的前进路线和步行速度。$\vec{f}_{i\omega}(t)$表示行人受到周围建筑物的作用力。现实情况下，行人在行走的过程中，总是会与周围的建筑物墙壁或障碍物保持一定的距离，当行人离障碍物越近时，会感到行走受到的阻力越来越大，该距离被称为走行安全距离。

3.2 知其所以然教学实例——地面引导标志线设置

随着经济的发展、城市人口的增多，相对其他类型的城市交通工具，地铁的运行速度快、载运能力大、出行安全、乘坐舒适等这些特点，使得地铁成为能够有效缓解城市道路拥堵问题的可行交通运输方式，也吸引了越来越多的人乘坐。在实现地铁优质服务过程中，地铁内部的导向标志系统变得极为重要，其主要功能是引导乘客安全、顺利、迅速地完成整个旅程，避免乘客滞留在车站内引起拥塞、引发次生安全风险。然而根据我国目前城市地铁车站导向标志系统总体情况来看，普遍存在不同功能导向、标志之间缺乏统一规划，平面设计、造型设计凌乱及导向标志的设置位置及数量不够科学这两大问题，不能起到合理科学地支撑服务乘客运输管理这一目的。地铁车站内等车地面引导标志线，本应该因地制宜，依据车站内站台空间的实际情况进行划线标识，应该在符合该地区人们的传统礼仪方式上加以组织。但是实际上绝大多数地铁车站内的引导标志只是简单地在每个车门前画上两道线，只注重标准化、符合规范，很多时候这样的引导标志不能起到其应有的作用。图7是地铁车站内常用的地面等车排队标识，图8是另一种新式地面等车排队标识，上车乘客依照标线，向左或向右沿曲线排队，不阻碍下车行人的活动空间，当上下车乘客交汇时，二者互不干扰，能有效提高上下车效率，改善车站管理秩序，防止踩踏事件发生，节约车站内地铁的旅行时间。很显然，图7所示的地面标线施画者只理解了相关规范的要求，并不具备行人运动规律分析能力。

a)近距侧面图片

b)俯视图片

c)远距侧面图

图7　地铁车站常用地面等车排队标识

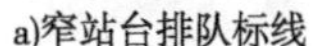

a)窄站台排队标线

b)宽站台排队标线

c)紧缩站台排队标线

图 8　地铁车站新式地面等车排队标识

下面将使用仿真软件 MassMotion 进行两组不同的地面引导标志情况下的行人仿真，以白色小人代表上车乘客，灰色小人代表下车乘客，建立乘客从下楼到等车、上车的模型。

如图 9 所示，仿真模拟下车乘客与上车乘客的交汇，上车乘客依照地面上竖直的排队线等候车辆，待进入车内后退出仿真，下车乘客下车后上楼，离开车站后退出仿真。

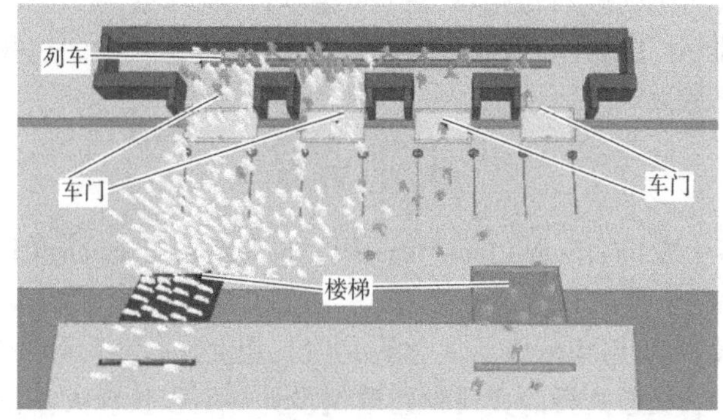

图 9　常用地面排队标识 MassMotion 仿真

当上下车乘客在车门交汇时，可以看到在人流密集处，上车乘客与下车乘客互相拥挤，上车乘客等候时占据了车门两侧，给下车乘客带来困难，即使我国推行“先下后上”这一优良品德，仍无法改善行人在站台上下车时拥挤的现象，影响上下车效率，使得车站内管理秩序不佳。

如图 10 采用了一种新式地面等车排队标识，上车乘客依照标线，向左或向右沿曲线排队，不阻碍下车行人的活动空间，当上下车乘客交汇时，二者互不干扰，有效提高了上下车效率，改善了车站管理秩序，防止踩踏事件发生，节约了车站内地铁的旅行时间。

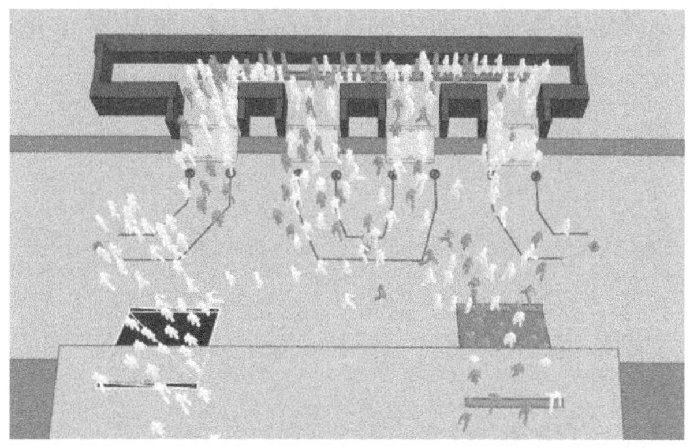

图 10　新式地面排队标识 MassMotion 仿真

通过 MassMotion 仿真软件,我们对这两种不同的地面等车排队标识行人上下车的情况进行模拟仿真,可以对比分析两者优劣,科学、合理地规划地铁车站内地面等车排队标识及其他标识标线,并利用仿真软件,对车站内的情况,知其然,更知其所以然。

4 结语

随着科技的发展,计算机技术不断进步,现代社会不断提高对教学过程中的实践可视化要求,对学生也提出了新的要求。而虚拟可视化教学涉及方面较广,需要多个学科相关知识的交叉配合,适用于完成“交通规划”“城市轨道交通规划”等各个相关科目学习的学生,并对学生良好的基础知识和动手能力提出了新的要求,使得传统的教学方式得到革新,激发了学生的兴趣。通过虚拟可视化教学,使教学更加形象和生动,能帮助学生更好地理解所学知识,并通过虚拟仿真,对事物做到知其然,更进一步知其所以然,提高教学的有效性,进而取得良好的教学成果,同时又能大大降低学校的教学成本,丰富教学的途径和方法,因此,虚拟可视化教学具有重要意义。

参考文献

[1] Dirk Helbing,Peter Molnar. Social force model for pedestrian dynamics[J]. Physical Review E, 1995,51(5).

[2] 王艳艳. 长沙南站客流组织分析及优化研究[J]. 企业科技与发展,2018,12(446).

[3] 陈永良. 以人为本,交通先行的交通枢纽建筑设计——以长沙火车南站站前东广场项目方案设计为例[J]. 建材与装饰,2016.

[4] 张世乾. 从人性化角度审视地铁车站设计[D]. 大连:大连理工大学,2012.

[5] 王琦. 中国地铁标识系统设计分析. 艺海[J]. 2009(03):74-75.

[6] 杨晓霞. 基于社会力模型的地铁枢纽站行人流动态特性与疏散研究[D]. 北京:北京交通大学,2017.

[7] 刘德礼. 地铁乘客导向标识的探讨[J]. 现代城市轨道交通,2019,5.

[8] 何建龙. 城市导向[D]. 上海:同济大学,2008.

[9] 周谦. 长沙轨道交通长沙南站布局方案研究[J]. 铁路标准设计,2013,08.

[10] 王海山. 虚拟仿真教学在高校实训培训中的探索[J]. 教育教学论坛,2019,12(05).

疫情下高校在线混合式教学新模式的探索与实践

黄世泽[1]　刘晓静[2]　肖军华[1]　黄沙里[3]

(1. 同济大学　交通运输工程学院,上海,201804;
2. 江苏联合职业技术学院　无锡汽车工程分院,江苏无锡,214000;
3. 同济大学　电子与信息工程学院,上海,201804)

摘　要　为打赢新型冠状病毒肺炎疫情防控阻击战,响应教育部"停课不停教,停课不停学"号召,全国高校在线教学全面铺开。本文分析了全面在线教学面临的问题,根据在线教学的实践经验,探索出了"线上慕课＋线上视频课堂＋微信群/QQ 群"的在线混合式教学新模式,并将其与传统混合式教学模式进行对比,从课前准备、线上慕课自主学习、在线课程直播、课后答疑与交流四个环节给出了教学实施过程示例,以期为提高在线教学质量,加强在线教学理论与实践研究,落实"互联网＋教育"目标提供参考。

关键词　在线教学;混合式教学;教学质量;疫情防控

2020 年农历新年,一场突如其来的新型冠状病毒肺炎疫情席卷全国,给人们的生命安全造成了严重威胁,全国各省市纷纷启动重大突发公共卫生事件一级响应。为贯彻落实习近平总书记关于打赢疫情防控阻击战的重要指示精神,教育部发布了《关于在疫情防控期间做好普通高等学校在线教学组织与管理工作的指导意见》,根据指导意见的要求,高校应依托各类在线课程平台、校内网络学习空间等,积极开展在线授课和学习活动,实现"停课不停教、停课不停学"。全面铺开的高校在线教学,面临诸多挑战,如何合理运用信息技术与教育技术的深度融合,推动教学模式变革,保证疫情防控期间的教学质量是全体高校教师面临的难题。

1　全面在线教学的困境

2013 年是"中国在线教育元年",其后,中国在线教育发展如火如荼,各类在线教育产品层出不穷。随着"互联网＋"时代的到来,在线教学也从单一的线上学习资源管理与服务,逐步过渡到了线上线下有机结合的"互联网＋"智慧课堂的新阶段。高校范围内在线教学的应用主要为网络公开课和线下课堂的补充教学,前者内容通常通俗易懂,科普性强、受众广,后者则满足了高校学生个性化的学习需求。大规模、全覆盖式的完全在线教学史无前例,此次受疫情影响,教育部对高校在线教学的要求,对于高校的教师和学生而言都是巨大的挑战。

疫情期间,学生由在校学习变成在家学习,这对学生的自主学习能力提出了较高要求。虽然大学生普遍自律意识高,自我管理能力强,但受周边环境和疫情期间身心健康状态的影响,学生的学习状态难以保证。与传统的课堂教学不同,在线学习过程中,师生隔着屏幕,学生的学习过程无法监督,学生在学习过程中就可能出现敷衍了事,甚至出现刷时长、做与学习无关的事情等情况。另外,师生在在线教学活动中的双向互动性不如面对面的课堂教学强,师生难以及时有效沟通,学生的学习效果无法保证。自主在线学习需要教师精心设计在线学习的内容和交互过程,激发学生的学习内驱力和自主学习能力,从而完成既定的学习目标。

对于教师而言,全面在线教学也并非易事。网络在线学习平台种类繁多,在以往的教学过程中,教师对各类平台的功能和优缺点掌握也不够全面,因此在刚接触全面在线教学时,教师一时难以抉择,无法适应。除此之外,传统课堂的教学环节也难以移植到在线教学,教师需要重新组织教学过程,考虑教学环节的合理性,这也给全面在线教学的实施增加了难度。教师只有坚持不懈地尝试和改进在线教学的理论与方法,才能不断提高在线教学的能力,促进学生的深入学习。

显然,现有的教学模式中没有能单独满足疫情期间全面在线教学需要的模式。综合考虑各类网络平台的特点和各种教学形式的优缺点,笔者创造性地提出了“在线混合式教学”的概念,通过教学模式的改革与创新,以学生为中心,担负起特殊时期“停课不停教,停课不停学”的使命。

2 在线混合式教学与传统混合式教学的异同

2.1 传统混合式教学

传统混合式教学,是将在线教学和传统教学结合起来的一种“线上+线下”的教学,其目的在于充分发挥“线上”和“线下”两种教学的优势来改造传统教学,改变教师在课堂教学过程中过分使用讲授而导致学生学习主动性不高、认知参与度不足、不同学生的学习结果差异过大等问题。通过两种教学组织形式的有机结合,可以把学习者的学习由浅到深地引向深度学习。其具有以下几个方面的特点:

(1)这种教学从外在表现形式上是采用“线上”和“线下”两种途径开展教学的。

(2)“线上”的教学不是整个教学活动的辅助或者锦上添花,而是教学的必备活动。

(3)“线下”的教学不是传统课堂教学活动的照搬,而是基于“线上”的前期学习成果而开展的更加深入的教学活动。

(4)混合式教学改革一定会重构传统课堂教学,因为这种教学把传统教学的时间和空间都进行了扩展,“教”和“学”不一定都要在同一时间、同一地点发生,在线教学平台的核心价值就是拓展了教和学的时间和空间。

2.2 疫情期间的在线混合式教学

疫情期间,传统混合式教学的线下组织无法施展,笔者基于自建的线上教学资源,充分利用不同教学方式的优势,扬长避短,探索出一种“线上慕课+线上视频课堂+微信群/QQ群”的在线混合式教学模式。

(1)线上慕课。以网络技术为基础,充分利用不同慕课(MOOC)平台的课程,让学生课前提前学习。学生学习不受时间、空间限制,能够更加自主、合理地安排自己的学习时间,遇到重难点也可以通过反复观看视频来加深理解。

(2)线上教学课堂。通过视频会议平台,让学生在同一时间聚集到一起,专时专用。期间，教师对课程的重难点进行细致讲解，学生可以提出疑问，由教师进行解答疑。同时，学生和老师也可以开展讨论，起到“见屏如面”的作用。

(3)微信群/QQ 课程群。课前，教师可以通过微信群/QQ 群发布通知，也可以对学生在课程中遇到的问题进行答疑，学生则可以通过群聊或留言向教师就课程教学工作提出建议。

其中，通过线上慕课，学生能够更加自主地安排学习时间，也可以在线上教学课堂前，对下节课所学知识提前进行预习，并记录下预习中遇到的问题，以便在线上教学课堂中进行提问或更加有针对性地学习。但是，该方式缺乏学生与教师之间的互动，教师无法有针对性地对学生的疑问进行讲解。通过线上教学课堂，学生和教师能够在特定的时间段内就所学知识进行讨论、提问，起到线下课堂的目的。但是该方式中，学生和教师进行面对面的视频会议的时间有限，无法做到因材施教。通过微信群/QQ 群，学生能够随时向教师提出问题，教师也能够及时地做出回复，不至于让学生的疑问留到下次课堂。但是，该方法只能用来进行答疑，用来授课效果则不如面对面课堂。因此，同济大学交通运输工程学院采用一种“线上网课 + 线上视频课堂 + 微信群”的在线混合式教学模式，充分发挥不同教学方式的优点，在疫情期间，保证教学质量，提高教学效果。

2.3 在线混合式教学和传统混合式教学的对比分析

基于上述分析，在线混合式教学与传统混合式教学在教学形式、支持媒介、稳定性、时空限制条件、教学容量、教学资源、学习状态、师生互动等方面都有异同。传统混合式教学可以作为日常教学的重要形式，适用于教学时数有限，但课程资源丰富的课程，有利于培养学生自主学习和探究学习的能力；在线混合式教学新模式能够满足疫情防控期间，线下教学条件缺乏，“停课不停教，停课不停学”的要求，有利于培养学生自主学习、探究学习、合作学习的能力。具体对比总结见表 1。

传统混合式教学与在线混合式教学的对比　　表 1

对　比　项	传统混合式教学		在线混合式教学		
教学形式	线上慕课	课堂教学	线上慕课	线上教学课堂	微信群/QQ 群
支持媒介	互联网	智慧教室	互联网	互联网	互联网
稳定性	较稳定	稳定	较稳定	稳定性差，受平台、网络影响大	稳定
时间限制	不受限制	受教务安排限制	不受限制	约定时间	不受限制
空间限制	不受限制	受教务安排限制	不受限制	不受限制	不受限制
教学容量	大规模	有限	大规模	受平台权限限制	视需要而定
教学资源	多且优	视课程而定	多且优	视课程而定	多
学习状态	自主学习	教师主导学生主体	自主学习	教师主导学生主体	师生交流共同学习
师生互动	一般	强	一般	较强	较强
适用情况	教学时数有限，课程资源丰富；培养学生自主学习、探究学习能力		线下教学条件缺乏，“停课不停学”；培养学生自主学习、探究学习、合作学习能力		

3　在线混合式教学的实施环节

以“电子技术基础”课程为例,该课程的在线混合式教学的实施分为课前准备、线上慕课自主学习、基于 ZOOM 的课程直播、课后答疑与交流四个环节。

(1)课前准备

课前准备环节,教师依据课程标准制订在线教学计划,明确每次课程的教学目标;创建授课班级微信群,了解学生的在线学习条件、知识能力基础等,做好学情分析;依托教师团队提前完成“电子技术基础”国家精品在线开放课程的教学资源建设。课程正式开课前,教师可以通过班级群发布各种通知,公布在线慕课网址,还可以第一时间解决课前慕课和课堂直播出现的问题,确保课程在线教学的顺利实施。

(2)线上慕课自主学习

“电子技术基础”课程是为交通工程专业(交通信息工程与控制方向)的学生开设的专业基础课程。该课程已经在智慧树和爱课程平台运行,并且已经成功进行了一学期的线上线下混合式教学的实践。随着疫情的发展,本学期线上 MOOC 选课量大幅飙升。其中本专业学生全部通过智慧树平台进行选课,选课学校 48 所,总选课人数近 8000 人,课程累计选课人数在上线不到一年的时间已经破万(图 1、图 2)。教学团队准备的“电子技术基础”国家精品在线开放课程,为广大学子的专业知识学习提供了优质的教学资源。

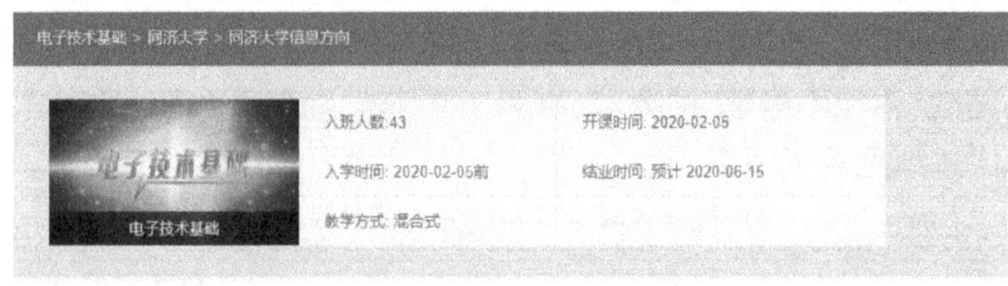

图 1　本专业学生选课情况

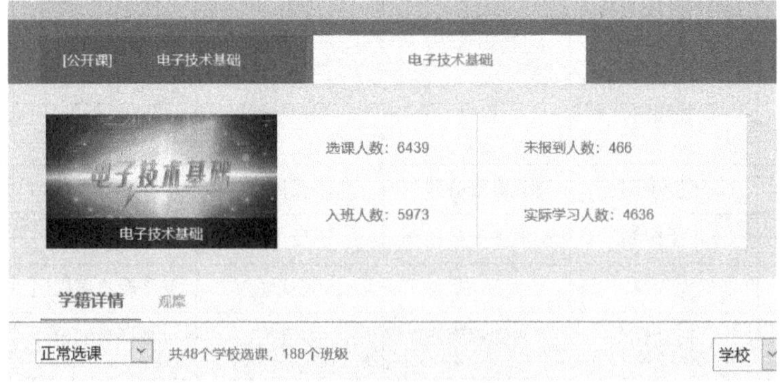

图 2　智慧树平台选课情况

课前,教师通过平台通知功能或课程微信群,安排学生在直播课前完成知识点的自主学习,教师每次上课前通过智慧树平台查看学生学习的课程进度、做题情况,根据学生的学习情况,灵活调整课程内容。学生则可通过课程配套 MOOC 提前对所学知识点进行学习,思考、记录学习中遇到的问题,以便在在线课堂上更加有针对性地学习,提高课堂效率。

(3)基于ZOOM的课程直播

教师利用ZOOM视频会议平台开展线上教学工作,在直播课程中,选用"知识点串联""知识点深入剖析""案例分析""边练边讲"等多种形式。教师通过这种方式向学生讲解课程的重难点,并引出工程案例与学生进行深入地讨论,加深对知识点的理解。例如,在线上课堂讨论中,教师采用基于问题导向的探究式教学方法。首先抛出一个与知识点密切相关的工程问题,吸引学生注意力,引出知识点的概念;接着,通过一个典型的工程事故案例,引发学生高度关注与思考,详细进行专业知识教学;以小组讨论形式与学生一起探讨事故发生的原因,培养学生的探究能力;同时,在讨论的过程中,引入思政教育,增强学生工程师职业素养。

为了更好地与学生沟通,课堂要求学生全程开摄像头和麦克风,可以随时实时沟通讨论,教师则可以通过观察每位学生的表情判断学习效果,进而能够实时提醒和关注学生的学习情况。通过提问和交流发现:学生能够通过自主学习,基本掌握关键知识点;在研讨过程中能积极发言,表达自己的观点,结合教师引导,产生了不少创新的想法和思路,师生都受益。

(4)课后答疑与交流

课后环节是学生知识巩固、学习提升的重要阶段。教师精心筛选,设计有启发意义的题目,让学生们查阅资料、展开想象,通过智慧树见面课功能,师生共同参与讨论,互相启发,加深学生对知识的理解,提高对课程的兴趣。通过课程微信群留言,教师可以对学生在课程中遇到的问题进行答疑,学生也可以向教师提出教学工作建议,以此来保障课程质量。

在线混合式教学的实施过程如图3所示。

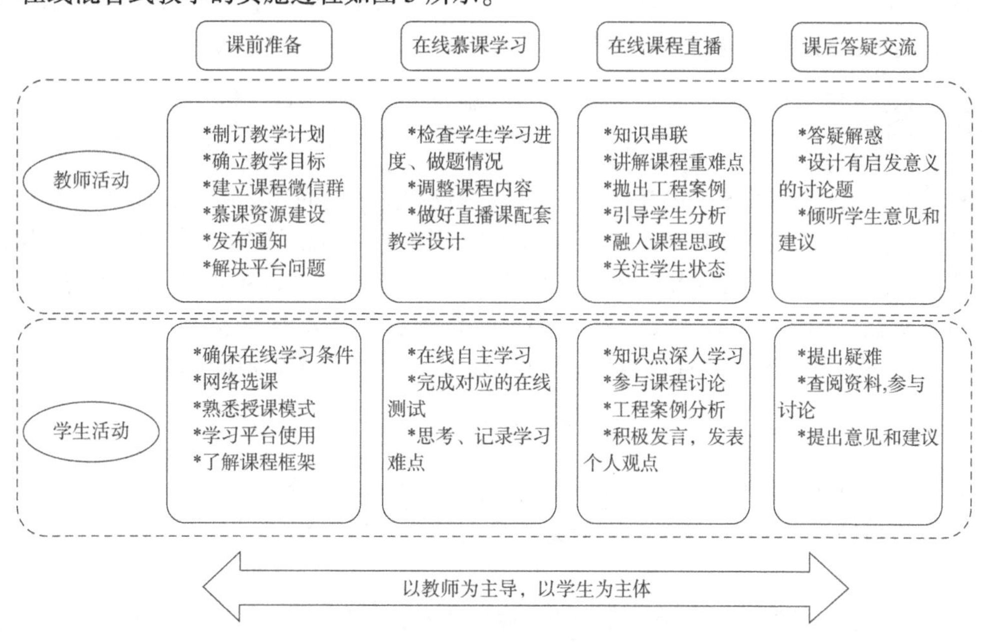

图3　在线混合式教学的实施过程

4 在线混合式教学的实践心得

经过探索与实践,“线上慕课+线上视频课堂+微信群/QQ群”的在线混合式教学新模式已初具成效:学生普遍反映课程的设计和内容能够满足学生的学习需求,教学资源和手段创新,课程教学效果良好。总结经验教训,得到如下四条实践心得:

(1)团队合作,打造精品课程

线上慕课具有反复观看性,且教学容量大,受众广,好的线上慕课能为莘莘学子提供宝贵的学习资源。优秀的课程是需要打磨的,打造线上精品课程,光靠单个教师的力量远远不够,必须依靠教师团队,集思广益,各显神通。

(2)以学生中心,因材施教

线上教学的实施对学生自主学习提出了较高的要求,教师在分析学情的基础上,要更加注重以学生为中心进行教学设计,充分发挥学生学习的主观能动性,针对不同学生的学习能力,做好因材施教。在线慕课能培养学生自主学习的能力,在线教学课堂则体现了教师主导的学生探究学习、合作学习能力。

(3)及时沟通交流,教学相长

传统教学中,师生除了课堂互动之外,课后交流甚少。在线混合式教学模式,通过微信或QQ这种学生使用频率最高的社交软件,加强了师生之间的交流,教师可以及时为学生答疑解惑,学生也可以向教师提出教学建议,一定程度促进了教学相长。

(4)融入课程思政,立德树人

无论是传统教学还是在线教学,课程都是落实“立德树人”根本教育任务最具体、最务实、最具可操作性的途径。特殊时期,教师更应用好在线教学课堂,优化教学设计,融入课程思政内容,不忘教育初心,体现教师的责任担当,为社会培育思想道德高尚、价值观念正确、业务能力精进、责任意识强烈的未来工程师。

5 结语

疫情终将过去,广大学子也终将回归校园,但疫情防控期间建立起的在线教学模式不可废。教师通过实践探索出的“线上慕课+线上视频课堂+微信群/QQ群”的在线混合式教学模式,充分发挥了各种在线教学形式的优势,实现了教与学的改革创新。正所谓“学无止境”,教师对教学的探索也是永无止境的,教师要秉持这种观念,继续发现和解决在线教学中的实际问题,将“互联网+教育”的目标落到实处,促进优质教育资源的共享!

参考文献

[1] 教育部应对新型冠状病毒感染肺炎疫情工作领导小组办公室. 关于在疫情防控期间做好普通高等学校在线教学组织与管理工作的指导意见[EB/OL]. (2020-02-04). http://www.moe.gov.cn/srcsite/A08/s7056/202002/t20200205_418138.html.

[2] 管佳,李奇涛. 中国在线教育发展现状、趋势及经验借鉴[J]. 中国电化教育,2014(08):62-66.

[3] 孙曙辉. 在线教学4.0："互联网+"课堂教学[J]. 中国教育信息化,2016(14):17-20.
[4] 宋灵青,许林,李雅瑄. 精准在线教学+居家学习模式：疫情时期学生学习质量提升的途径[J/OL]. 中国电化教育,2020(03):114-122[2020-03-23]. http://kns.cnki.net/kcms/detail/11.3792.G4.20200310.1628.032.html.
[5] 魏薇,谭佐军. 慕课背景下信息技术与实验教学的深度融合[J]. 中国高等教育,2017(07):54-56.

新工科背景下城市轨道交通一体化实践教学设计

梁　肖　陈绍宽　毛保华　刘　爽　刘智丽

（北京交通大学　交通运输学院城市轨道交通系，北京，100044）

摘　要　新工科背景下，城市轨道交通专业亟待推动实践教学改革，形成以学生为中心、关注实践过程的教学模式。本文提出多课程协调联动的一体化的实践教学组织方案，归纳各门课程知识模块之间的逻辑关系，通过设置统一的研究环境，共享基础数据和阶段成果，对实践流程进行有机衔接，形成能力递进的实践组织模式。以城市轨道交通专业四门专业课程为例，进行一体化的实践教学设计，减少了重复工作，面向行业需求，形成贯通车站设计与客运管理知识的实践案例，强化学生在学习中的产出。通过教学试点，该教学模式获得了学生的认可，能够全面提高学生的学习、思辨、协作、表达和创新能力。

关键词　新工科；实践教学体系改革；一体化教学设计；教学案例

为主动应对全球范围新一轮科技革命和产业变革，服务国家战略和区域发展需求，教育部积极推进新工科的建设实践，探索形成中国特色、世界水平的工程教育体系，推动工程教育强国发展战略。这对高等学校工程教育提出了新的要求，不仅要求从战略高度上创新教育理念，而且要求从学科专业建设和人才培养模式方面有所探索和突破。

城市轨道交通成为国家优先发展的战略性产业，呈现出多学科交叉融合、创新科技支撑的业态发展新特征。而城市轨道交通专业作为传统工科专业，亟待进行升级改造，创新专业的教育理念与模式，建立新的学科结构和体系，使得学校教育与城市轨道交通行业发展相匹配，提升专业人才质量，培养更多基础理论扎实、动手能力强、具有创新精神的专业技术人才，为交通强国战略服务。

1　传统教学模式分析

在研究型大学中，城市轨道交通专业根据人才培养目标构建了具有明确教学目标的教学体系，在传统教学模式下分为理论教学、实践教学（含研究性教学）、现场实习三个教学模块，在实际教学中三个环节往往是独立进行的。在新工科背景下，城市轨道交通类复合型人才培养模式改革的主要关注点集中在实践教学中。这是由于实践教学可以更加综合直观地展示所学知识、梳理知识体系和逻辑结构，且有助于教师和学生之间互动、启发学生的创新能力。

当前的教学模式下，实践教学以课程设计和综合实验为主要组织形式，往往是在一门课程的理论教学后增加课程设计，并在专业课结束后增加综合实验环节，以期提高学生的实际应用能力。这种组织模式虽然有利于教师组织教学过程、考核学生成绩，但也存在一些问题。比如目前的培养方案大多更为重视理论环节，在实践教学中并未能结合轨道交通行业所需的知识体系和专业技能进行设置，实践环节往往是对理论知识进行验证，更多是采用类似“考试”的模式考查学生对知识点的掌握，比较容易造成流于形式、学生参与的积极性和主动性不高、与实际脱节等问题。同时在教学组织中对实践环节的重视往往体现在提高学分比例和延长教学时间上，但在实际执行中，为了能在规定的学时内完成实践活动，一般在教学设计上都会给出备选的设计或实验方案，留给学生自主探索的空间非常小，不能从根本上提升学生的创新能力。

当前的城市轨道交通课程体系组织模式是各门课程分别针对本课程的主要内容和知识要点，独立设置课程设计环节，但受限于实践环节所占课程的比例，内容往往不够深入，且存在大量的重复工作。城市轨道交通作为实践性很强的学科，必须要有现场数据和直观感受作为支撑，因此需要进行大量的交通调查工作，比如在“轨道交通调查与出行行为分析”“城市客运管理与应急处置”“城市轨道交通规划与设计”“车站设施能力评估”等课程的学习中，均需要对具体的车站周边的土地利用、交通状况和客流需求进行调查。该部分工作固然是后续工作开展的基础和对城市轨道交通专业学生基本能力的锻炼，但调查的工作量在多门课程的实践环节中的占比都超过了40%，使得原来课程实践的重点产生了偏移，未能体现出这种设计类课程的关键问题，导致学生的热情不高、工程实践能力得不到有效锻炼。

鉴于此，亟须对城市轨道交通专业的实践环节进行改革。在新工科背景下，实践教学体系需求明确以学生为中心、建设关注实践过程的教学模式。增强理论与实践环节之间的联系，提升学生对理论知识的认识、增强学生的分析能力和实操能力，培养适应城市轨道交通学科发展的高质量、专业素质和创新能力强的工程技术人才，为将来从事相关工作奠定坚实基础。

2 一体化教学方案设计

2.1 教学基本设想

本文以城市轨道交通专业“轨道交通调查与出行行为分析”“城市客运管理与应急处置”“城市轨道交通规划与设计”和“车站设施能力评估”综合实验四门课程为例，提出实践教学体系的设计思路，强调系统的、联系的、学生积极参与的新实践模式，突出以“项目为主线、学生为中心、教师为引导”的教育理念与教学实践，对实践教学模式进行改革创新。借鉴项目驱动的教学组织模式和设计院的设计工作流程，提出多课程协调联动的一体化组织思路，突出不同课程之间的侧重点和各知识模块在逻辑上的联系，使学生对轨道交通规划设计和运营管理中的问题有更清晰的认识，在逻辑上厘清工作流程和各环节之间的关系，以提高学生综合分析能力、实操能力和创新能力，适应轨道交通行业对高质量创新型人才的迫切需求。

采用项目驱动教学法首先需要对课程体系进行有效的梳理，提取出不同课程之间的逻辑关系，将不同课程中的部分研究内容整合起来作为一个完整项目，各个课程作为子项目，每门课程按照一系列的子任务对教学任务进行分解。该方法主要建立在合理设置学习项目的任务基础上,因此首先需要对各门课程实践环节的研究内容、教学侧重点和知识体系之间的联系进行梳理。各门课程实践部分的重点内容及逻辑关系如图1所示。

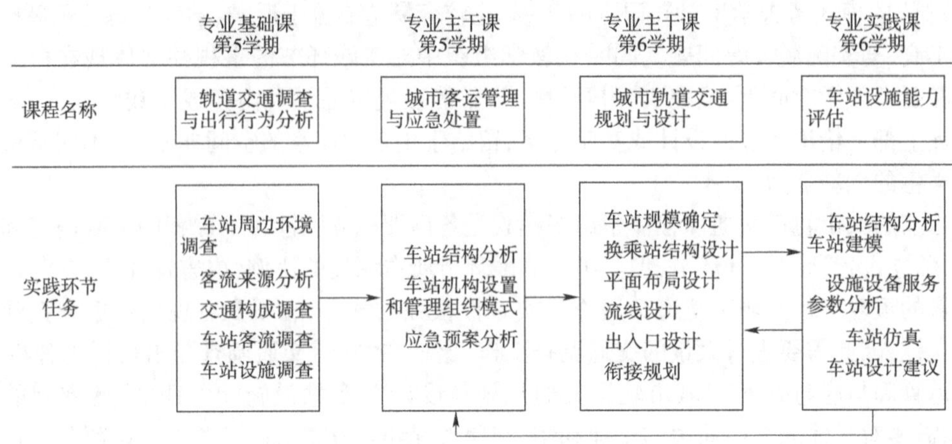

图1 各门课程实践环节的研究内容

"轨道交通调查与出行行为分析"是城市轨道交通专业的专业基础课,安排在第5学期,在该课程中重点学习交通调查的基本理论和方法,在实践环节中重点是对特定车站周边的环境、交通,以及车站设施和客流分布进行调查。"城市客运管理与应急处置"为专业主干课,在第5学期进行学习,本课程实践中重点是在对具体车站进行调查的基础上,对车站结构进行分析,并根据该车站的特点提出不同突发事件下的应急预案。"城市轨道交通规划与设计"为国家精品课和资源共享课程,安排在第6学期,课程实践环节中的重要部分是对城市轨道交通换乘站进行设计,教师通过构建特定的场景,由学生提出设计思想,并根据线路技术条件、设备情况对换乘站进行设计。"车站设施能力评估"综合实验安排在第6学期,要求学生应用仿真软件构建仿真模型,对车站乘客流线与设施布局方案、设施设备能力和服务水平以及乘客集散效率进行评估。

从上述分析中可以看到,四门课程在研究内容上具有一定的耦合性,在研究流程上具有一定的顺序性,鉴于此,提出多课程协调联动的一体化课程组织思路,通过设置统一的研究环境,共享基础数据、阶段成果,对实践流程进行有机衔接。借鉴设计院工作流程,按照"承接任务、成立小组、现场勘察、方案设计、方案比选、方案修改、方案汇报"的流程来组织实践教学,便于与学生将来所从事的规划设计工作相对接。

2.2 教学方案设计

四门课程的实践环节均为小组作业,通过形成项目组完成实践工作。实践任务总结为换乘站设计及能力评估,根据不同课程的实践教学的侧重点把该项目分解为4个子项目。"轨道交通调查与出行行为分析"课程实践为车站周边环境、车站设施及客流情况调查分析,通过对选定车站周围的用地性质进行调查,分析主要的交通发生吸引源,掌握车站结构、设备设施布局,调查进出站及换乘客流量及客流分布情况,这部分的研究数据和结论为后续课程的基础。"城市客运管理与应急处置"针对"轨道交通调查与出行行为分析"调查的车站和客流数据,分析该车站可能发生的突发事件类型,并根据车站结构制订相应的应急预案。通过这两门课程的学习，使得学生对城市轨道交通的车站结构和客流特性有较为明确的认识，为后续的设计工作奠定基础。“城市轨道交通规划与设计”在上述客流数据的基础上(假设为预测数据)，假定该换乘站不存在，根据地质条件、建(构)筑物条件等基础资料，对该换乘站的作用和规模进行分析，在边界条件的限制下对换乘站的结构进行设计，并提供多种设计方案，从换乘效率、工程造价、施工组织等角度对方案进行评价比选，并对该换乘站的平面结构、设备设施布局、出入口和客流流线进行设计，构建了车站的立体模型。在“车站设施能力评估”综合实验中针对“城市轨道交通规划与设计”换乘站设计推荐方案和在“轨道交通调查与出行行为分析”调查得到设备设施相关参数的基础上，应用仿真软件构建车站仿真模型并设定参数，基于客流特性对设施的运行效率进行仿真，并对换乘站内设施、客流流线、集散瓶颈等进行分析。将得到的结果反馈给“城市轨道交通规划与设计”中的换乘站设计，对车站的平面布局和设施设备布设情况进行改善；同时根据得到的车站设施能力反馈给“城市客运管理与应急处置”，针对实际的设施能力对得到的应急预案进行校核。

在一体化的课程体系设计下，实践教学环节设计主要考虑细化任务分工、注重课程之间的衔接。以“城市轨道交通规划与设计”和“车站设施能力评估”综合实验为例，对上述教学环节设计进行说明：

(1)细化任务分工。将换乘站设计任务细分为8类21小项子任务，车站设施能力评估任务细分为8类19小项子任务，并将每项任务落实到具体人员，便于操作和考核，任务分工详见表1。

换乘站设计和车站设施能力评估任务分工 表1

换乘站设计		车站设施能力评估	
任务名称	需要完成的具体工作(子任务)	任务名称	需要完成的具体工作(子任务)
(1)车站周边情况分析及站位选择	①换乘车站周边环境情况； ②用地规划及交通发生吸引源情况； ③车站站位选择	(1)换乘车站周边及站位情况简介	①换乘车站周边环境情况； ②站位情况分析
(2)换乘方案设计及比选	①根据线路特征，设计至少两种换乘站结构形式； ②从换乘效率、施工难度、建设成本等多个角度对方案进行评价比选； ③绘制换乘站立体结构模型(Sketch Up)	(2)车站换乘方案初步选定	①换乘站站位结构关系分析； ②换乘站换乘方式选定
(3)车站规模确定	①根据给定的预测客流数据，确定车站规模； ②车站用房布置及面积分析	(3)客流数据分析	①根据给定的预测数据，分析上下车客流量、换乘客流量； ②站台、楼扶梯、通道、闸机、安检设施等处的客流量、速度、密度等参数分析

续上表

换乘站设计		车站设施能力评估	
任务名称	需要完成的具体工作(子任务)	任务名称	需要完成的具体工作(子任务)
(4)车站主体设备设施布局设计	①站厅层设置,设计非付费区(售票设施、安检设施、闸机、公共设施等)和付费区(楼扶梯、电梯),绘制平面设计图; ②站台层设置,设计站台形式,计算站台长度、宽度,楼扶梯及垂直电梯位置、数量,绘制平面设计图; ③绘制车站的纵剖面设计图; ④换乘设施能力设计,计算换乘通道或楼扶梯的宽度	(4)车站主要客运设施的仿真模块构建与分析	①换乘站内衔接方式分析; ②换乘站平面布局形式分析; ③站内设施布局及仿真模块构建; ④应用 MassMotion 软件进行仿真,导入 Sketch up 模型
(5)换乘站进出口设计	①设计该换乘站的进出口位置、数量; ②针对车站性质,考虑出入口与建(构)筑物结合,共同开发设计	(5)换乘站进出口设定与设施衔接校核	①出入口的仿真模块构建; ②站内设施衔接与冲突点的校核
(6)车站客流流线设计	①进出站流线; ②换乘流线	(6)车站客流流线仿真构建	①进出站客流流线方案构建; ②换乘客流流线方案构建
(7)车站衔接规划	①分析该换乘站的主要衔接方式; ②规划轨道交通与其他交通形式之间的换乘衔接; ③绘制衔接方式示意图	(7)仿真模型运行	①设定各类设备设施服务参数; ②运行仿真模型,输出结果数据
(8)容量校核	①根据设计规范要求,计算该车站的应急疏散时间; ②分析是否能够满足应急疏散要求	(8)换乘车站设施设备布局优化研究	①识别车站设施设备能力瓶颈点、客流组织薄弱环节,分析产生的原因; ②给出优化方案与建议; ③对优化方案进行评估分析

(2)注重课程之间的衔接。在换乘站设计以及设施能力识别实验中,共用“轨道交通调查与出行行为分析”中得到的基础数据,以换乘站设计为先导,在子任务第(1)~(8)项完成过程中,适时展开车站设施能力评估的准备工作。其中两门课程的前3项工作可以同期开展,换乘站设计的其他任务顺序推进,在第(6)项任务完成后,开展车站设施能力评估的第(4)项工作,然后顺序推进其他工作,进而最终分别完成车站设施能力评估的第(1)~(8)项子任务。各个阶段的数据整理为统一的格式标准,在实验过程可以有效复用不同阶段的结果。如在换乘站设计中采用 Sketch Up 绘制的车站结构模型,可以直接导入 MassMotion 软件中;换乘站平面布局也可以直接在仿真软件中应用。通过本实验案例的建设,可建立统一、易于衔接的数据和成果形式,建立完成上述两项内容的实验环境。

2.3 教学组织实施及考核

采取“教师引导、分组实施、过程考评”的形式组织实践教学。教师提前布置课程实践的任务、备选车站、实施计划和进度安排。学生接受任务,采用自由组队或教师指定的方式组成项目组,每组 6 ~7 人,参与一体化建设的各课程采用同样的分组形式,便于学生进行交流讨论,小组协同工作,每组推选出 1 名组长,负责协调组内工作。组内成员的任务分工由各组成员讨论决定,并上报指导老师,实现任务到人、责任到人。在教学的组织实施过程中,由教师设置关键时间节点,引导各项目组讨论制订研究方案,并监督学生在相应时间节点前完成工作。在项目执行过程中,如学生遇到问题,教师需要适当介入给予学生相应的指导,尽量采用互动讨论形式,鼓励学生自主探索解决问题,培养学生解决问题的综合能力。学生完成任务后,需提交分析专题报告、换乘站三维立体结构模型、车站站台层和站厅层平面布局图、仿真模型以及其他过程性文件。

实践教学以小组为单位进行考核,考核成绩由设计报告和课程答辩两部分组成:设计报告中要详细注明小组成员分担完成的任务、负责撰写的章节,作为个人考核的重要依据;答辩过程采用个人答辩形式,小组中的每名成员都需要进行答辩,讲解自己具体负责的工作。每个项目结束后,采取组内评价、小组互评和教师讲评三种评价相结合的方式,通过多元化的评价帮助学生发现各组设计方案的优缺点。项目结束后,教师需要再对完成任务涉及的课程知识点进行梳理,对重要知识点再进行深入讲解,以强化学生对知识点的掌握,达到最终的教学目标。

3 教学实施效果

3.1 教学所要达到的目标

新工科背景下的实践教学体系要求确立以学生为中心、关注实践全过程的教学模式,因此在教学设计时,更加强调系统关联、结构有序、学生积极参与的新实践模式。立足行业人才培养需求,按照层次化、协同化的理念,开发以项目为主线的模块化、系统化的实践教学,将多门课程进行整合,归纳各门课程之间的逻辑关系,形成能力递进的实践组织模式。通过一体化的实践环节设计,统筹考虑城市轨道交通专业部分专业课的教学内容和教学进程,通过构建设计型实验案例,设计适合学生、贯通车站设计与客运管理知识的实验案例,将设计方案与分析评估、客流组织等充分结合,面向未来城市轨道交通车站设计和站务管理需求,强化学生在实验案例中的产出。此外,该仿真实验案例作为支持“城市轨道交通规划与设计”“金课”建设的重要组成部分,提高了学生在该课程中的实践能力和实际产出效果。

3.2 教学效果分析

2017—2019 学年,对北京交通大学城市轨道交通专业 4 个班 117 名的学生采用了实践教学新模式,将“城市客运管理与应急处置”“城市轨道交通规划与设计”和“车站设施能力评估”综合实验三门课程集成起来,设计了一体化的教学组织方案。组织学生对 16 个换乘站进行了设计,共构建车站三维立体模型 32 个、搭建仿真模型 16 个,提出车站设施改善方案 43 个、客运管理建议 37 条、应急预案 16 套。学生通过查阅资料、方案设计、仿真验证、报告撰写等环节完成实践,培养了学生综合运用所学知识进行设计的能力及创新能力,取得了较好的效果。

通过问卷形式对参与课程的部分同学进行了调查,请他们对一体化的实践组织模式进行了评价。结果表明,93%以上的学生认为采用一体化的实践组织模式效率要优于各门课程单独组织;80%的学生认为通过这种组织模式可以更好地理解各门课程之间的关系,对从事设计工作的流程有更为清晰的认识;87%的学生认为相比对多个车站进行调查和设计,对一个车站进行深入的研究更有助于他们的学习;67%的学生认为通过细化项目分工能够有效地减少"搭车"现象。可见大部分的同行对一体化的课程实践组织模式态度是正面和积极的,证明了该方法在课程教学实践中是有效的。

4 结语

新工科背景下,城市轨道交通专业亟待推动实践教学改革,明确以学生为中心、关注实践过程的教学模式。在新形势下,以培养高质量、专业素质和创新能力强的工程技术人才为主线,面向行业需求,优化课程体系,调整各门课程实践环节的设置,克服各门课程独立教学中存在的问题,构建一体化的实践教学体系。通过两年的教学试点,获得以下结论和思考:

一体化的实践教学模式获得了大部分学生的认可,学生普遍认为相比传统实践教学模式,新的教学体系可以更有效地理解知识体系,明细各个环节之间的逻辑关系和设计流程;通过对相同研究对象进行深入的分析,可以挖掘更深层次的问题,加深学生对城市轨道交通设计问题的理解;通过细化任务分工可以更有效地发挥项目组各成员的积极性,激发学习兴趣,能够全面提高学生的学习、思辨、协作、表达和创新能力。但一体化的实践教学模式也有其局限性,在实际操作过程中反映出一些问题,如如何兼顾传统教师主导知识讲解和实践环节的学生自主学习,如何平衡组内成员的参与度和工作量等。

同时一体化的实践教学模式也对任课教师提出了更高的要求。为保证教学效果,需要各门课程任课教师理顺课程的逻辑关系,对实践环节进行协同设计,平衡各门课程的研究重点,尽可能在统一的平台下对实践过程进行设计,保证数据的有效传递。另外在几门课程中对同一个车站进行设计也就意味着学生接触其他类型车站的机会减少,因此需要任课老师合理选择待设计车站,尽可能通过组间交流和答辩环节使学生掌握更多类型车站的设计问题。

参 考 文 献

[1] 吴爱华,侯永峰,杨秋波,等. 加快发展和建设新工科,主动适应和引领新经济[J]. 高等工程教育研究,2017(1):1-9.

[2] 鲁嘉华,郑树彬,王娟. 城市轨道交通专业交叉融合的人才培养模式探索[J]. 高等工程教育研究,2018(5):24-29.

[3] 张星臣,董俊,魏旺强. 轨道交通行业特色大学拔尖创新人才的培养[J]. 中国大学教学,2015(1):23-26.

[4] 尹保健. "互联网+新工科"背景下机械专业实践教学改革研究[J]. 科技创新导报,2019(25):184-185.

[5] 张谨帆. 交通调查与分析课程教学方法研究[J]. 亚太教育,2015(36):99-100.

[6] 于丽,王明年,刘大刚,等. 以学生为主体的城市轨道交通地下结构设计与施工教学新模式探索[J]. 大学教育,2019(01):34-36.

本硕贯通的工科生实验能力的整体教学设计和评估

李淑明

（同济大学　交通运输工程学院，上海，201804）

摘　要　实验能力是工科生未来工作中建设各种结构物和开展研究必备的技能之一，但硕士研究生在实验室的初期表现不尽如人意，反映出本科阶段的实验技能缺失。同时硕士研究生的学位论文中少见实验设计方法的表述，折射出研究生阶段对科学实验方法的忽视。针对这些现象，本文提出考虑研究生的培养全过程，并延伸至本科阶段的学习，建议本科生阶段培养基本的实验技能，研究生阶段培养科学的实验设计方法。并以主讲的本科生实验课程和研究生实验课程为例，说明教学内容的设计和教学效果的评估。实验能力的教学效果，以研究生学位论文中多因子实验设计方法的比例来证明。本文还对实验教学中的德育和劳育，明确了可观测的行为指标和评定标准。

关键词　工科生；实验能力；教学设计；教学评估；劳育

1　研究生实验能力的现状

作为道路材料与结构方向的工科教师，实验是工作中必不可少的研究手段，因而笔者经常会出入实验室。有一年，在实验室中不经意地看到，一位硕士研究生从烘箱中取出一大盆加热好的集料。这个动作马上引得我驻足观看。为了称取所需的质量，只见他拿出量勺，从大盆中舀出集料，倒入一旁的小盆中。因为需要准确量取集料质量，所以这个舀料的动作需要重复数次，有时还要从小盆中取出一些大颗粒，换为小颗粒。随后换第二大盆，称取第二种集料……最后把小盆中称取好的几档热集料倒入拌和机中，加入热沥青，启动拌和机，开始拌料。但是，由于每种集料的称量都需要时间，因此配料时已经称量的集料较长时间地暴露在室温中，热量散失，导致集料的温度下降至低于所需的加热温度，因此热沥青加入不够“热”的集料后，可以看到沥青过于黏稠，不能均匀地裹覆在集料表面。此时，这位同学手忙脚乱，他已经意识到自己失败了……显然，这位研究生在此之前没有做过相关的实验。虽然是极个别的例子，但这引发了我的深思：道路工程的研究生，该在什么阶段掌握材料的基本制作方法呢？答案是本科生阶段。理由稍后再述。此外，如果询问来自外校的研究生，他们也会普遍反馈说，本科生阶段未动手进行过相关的材料配合比试验，最多是观摩。上述现象均反映出本科生阶段实验能力培养的严重不足。

在笔者主讲的研究生课程“道路与机场工程的实验与测试技术”中，课程的理论教学阶段,强调的是掌握多因子的实验设计方法。如何考察同学是否掌握了这个教学目标呢?课程开设的前三年中主要采取了小组实验的方法,即要求同学分组,设计一个多因子的实验,并完成实验报告。尽管在课程的教学学期内,所有小组都按计划完成了这一任务。但是,在下一学期这些学生的开题报告会上,笔者很遗憾地看到,只有约10%的学生明确报告了拟采用的实验设计方法,其余学生在问及要采用什么实验设计方法时坦言尚未考虑。不仅是开题阶段,在已经撰写完毕的学位论文中,又有多少比例的学生采用了多因子的实验设计方法呢?初步估计,这个数值不超过20%。为什么开题时,学生没有考虑该采用什么样的实验设计方法呢?为什么在实质进入学位论文的研究阶段,学生也没有考虑采用一种多因子的实验设计方法呢?开题时,尚可以解释为学生花费的时间短,来不及考虑清楚拟研究主题的影响因子,因此也没有考虑多因子的实验设计方法。但开题后的学位论文阶段,不考虑多因子的实验设计方法,则无论如何都解释不通。无论是开题,还是实质性研究阶段,多因子实验设计方法的缺失,都反映了多数师生对科学实验方法的不重视。作为《道路与机场工程的实验与测试技术》的主讲教师,该如何改变理论教学的考核方式,促进同学们自觉、有效地应用实验技能?学院层面又能采取哪些措施,保障理论教学与实验教学的有效结合,提升研究生的实验能力呢?本文将对这些问题一并考虑,并提出建议。

古往今来,强调理论结合实际,学以致用的名人名句层出不穷。“耳闻之不如目见之,目见之不如足践之,足践之不如手辨之”(战荀况),“读万卷书,行万里路”(董其昌),“实践是思想的真理”(车尔尼雪夫斯基),“理论是实践的眼睛”(邹韬奋)……实验和实践的重要性,不言而喻。实验和实践,作为研究生感知、检验和发现理论的重要途径,该如何与理论教学有效地结合在一起呢?这需要对研究生的培养过程做一个系统的整体设计和评估。不仅仅是前期课程学习阶段要考虑理论和实验/实践的结合,还需要在研究生后期的学位论文研究阶段进一步鼓励、观察和评估,使学生能自觉、有效地运用实验的相关技能。为了避免重复的技能培训,除了考虑研究生阶段,本科生阶段的实验教学也需要一并考虑。

2 实验能力的整体设计和评估

以道路工程方向的研究生为例,说明工科学生实验能力的整体设计和评估的四个步骤。

第一步,考虑如何划分课程——本科生阶段和研究生阶段的实验教学分别侧重什么?这需要考虑两个阶段的学习特点。道路工程作为一种结构实体,对于未来从事道路工程的设计、建造和维护的人来说,掌握该结构的主要材料的特性是必不可少的学习内容,因而,“道路材料”或“建筑材料”是本科阶段必修的专业课程之一。本科生阶段的专业实验也主要是材料的实验,这与该阶段同学们需要学习材料的基本知识相辅相成。研究生阶段开始分流,或继续侧重于材料的研发,或转向结构分析、施工技术、工程管理等,此时,研究方法的训练和掌握则尤其重要。实验设计方法作为重要的科研手段,在研究生阶段展开也恰如其分,而且本科生阶段限于学分,也无法专门开设实验设计方法的训练课程。

第二步,考虑实验教学的具体内容。分清不同阶段的学习目标后,本科生和研究生又分别该进行哪些实验,才能达到各自的目标呢?沥青混凝土是道路工程特有的材料,也是最复杂的材料。本科生阶段的材料试验,应以沥青混凝土材料为实验对象,掌握这种材料的基本实验技能——目标配合比设计。为了完成沥青混凝土材料的目标配合比设计,同学们需要先后完成集料的筛分、试件的成型、集料/混合料的密度测试、各种性能实验等系列的实验。这些实验中,最难的就是试件的成型实验。但是,简单的筛分、密度和性能实验也缺一不可。沥青混凝土材料的目标配合比设计工作,实质上是一个复杂的综合性实验。如果只能安排一门1学分的独立实验课,那么,沥青混凝土的目标配合比设计实验,是课程的唯一选择。一位同学完成该实验的学习,包括试错,刚好需要2周的时间。在本科阶段掌握了复杂材料的系统实验之后,研究生阶段就可以开展实验设计方法的学习。对于本科没有进行过系统实验训练的研究生,沥青混凝土的目标配合比实验需要作为补充作业来完成。由于科学问题通常是有多个影响因素的复杂问题,因此,实验设计方法应以多因子为主。为了与后期阶段的学位论文结合起来,可以要求每一位同学就自己的学位论文主题,进行实验设计。

第三步,根据教学内容,进行教学设计。本科生阶段的目标配合比设计实验,只能采取课内加课外的方式,分组完成。这是因为沥青混凝土实验的成型设备、性能检验设备体积庞大,每个实验中心都不可能按照一人一台的要求进行配备,几乎所有的实验中心都只能配备1~3台。这就决定了该实验必须分组,且每一组同学都需要大量的课外时间来开展实验。该实验也不能设计为集中实践环节的形式,必须分散在教学周内。为了保障每一位同学在小组实验中都得到充分的实验技能的训练,可以采取如下的教学设计:①严格限制每组的学生数(3~4人,当仅有女同学时,可以为4人)。小组中宜至少分配1位男同学,这是因为成型设备的使用需要具备较强的臂力,女同学一般不具备该条件。②每位同学都要撰写实验报告。尽管实验数据是小组成员协同获取的相同数字,但数据的计算、处理和表达可以独立进行,并体现每一位同学在数据处理方面的掌握程度。个人的实验报告需作为考核方式,建议成绩占比不低于30%。③实验过程中采取周组长负责制。实验期间要求小组成员轮流担任周组长,负责组织、协调、实施和记录所负责周的实验,并在规定的时间内提交该周的实验记录和实验数据。每周的记录作为推动同学们按计划完成综合实验的重要凭证,也需要作为考核方式,建议成绩占比不低于30%。

研究生阶段的实验设计方法的课程考核,推荐两种方式的结合:①荟萃分析报告。荟萃分析又名元分析(Meta-analysis),“是一种对独立研究的结果进行统计分析的方法,它检验研究结果间差异的来源,如果判断结果具有足够的相似性,则可对结果进行定量合成。”②多因子的实验设计方案。多因子指的是影响因素的数量在两个以上。任何一项科学研究,如果只有一个影响因子,这是难以想象的。无论是荟萃分析,还是实验设计方案,都依托于学生的学位论文主题。在研究生一年级阶段就要求同学们开始考虑自己的研究主题,围绕这个主题进行文献调查,对文献中的实验结果进行荟萃分析,最后形成初步的实验设计方案。预期这样的安排不仅能大幅度提高开题报告的质量,也能提升学位论文的质量。建议学院对有实验的选题,都增加荟萃分析和实验设计方法这两个要求,以切实促进研究生的学习动力,在学习和科研实践中主动地掌握科学的实验方法。开题时需要报告荟萃分析的结果和实验设计方法,不仅仅是研究生才如此,本科生的科研训练环节,例如创新训练时的项目研究工作,开题时也应该报告这两项内容。

第四步,也是最后一步,通过统计研究生学位论文中多因子实验设计方法的比例,来评估实验教学的培养效果。这个比例的提高,是实验教学效果的直接佐证。

3 实验教学中的德育和劳育

与理论教学一样,实验教学中主要涉及的品德教育是诚信。不同的是,实验教学还存在其他一些品德教育和劳动教育,主要是实验记录的严谨求实和实验操作后的环境恢复。一个人的品德,是通过其行为来展现的。在品德教育方面,实验教学可以通过明确不良行为表现来提醒学生保持良好的品行。教学时,可通过明确告知哪些行为属于不良行为,以及相应的负分值,来增强同学们对自身品德的维护。

实验的记录,要求简明扼要,条目式地记录即可。必须要记录的条目有开始和结束的时间、地点、实验人、环境条件(温度、湿度)、原始数据。缺失一条扣 2 分。实验记录是周组长的职责,因此,实验记录的扣分是针对周组长而言的。

实验室的环境清洁工作除了将桌面、地面恢复原有的整洁,所用设备也需要擦拭,使其恢复起初的洁净状态,以方便下一组同学的使用。但是拌和机例外。如果有下一组同学继续使用拌和机,则无须清洁,这样反而为下一组同学的实验提供了方便。实验辅助教师在每组同学结束实验后进入实验室检查和记录清洁工作情况。小组开始实验前,如果发现上一组未做好相应的清洁工作,可以提供现场照片,供教师确认后,对未清洁小组采取扣分。实验环境的清洁是小组的共同职责,因此,如发现未清洁现象,则参与此次实验的每一位成员均会被扣分。

诚信要求个人实验报告不能抄袭。判断报告是否抄袭可以借助商业软件,建议学院购买并开放该类软件,供所有教师使用。一旦判定为抄袭,则抄袭者和提供抄袭者的实验报告,均被判定为不及格。

4 结语

理论教学与实验/实践教学的结合,需要考虑研究生的培养全过程,并延伸至本科阶段的学习。建议本科生阶段培养基本的实验技能,研究生阶段培养科学的实验设计方法。基本的实验技能最好是开设独立的实验课,而课程内容设定为具有较大难度的综合性实验,例如道路工程专业选择沥青混凝土或水泥混凝土这样的复杂混合料的配合比设计。研究生阶段的科学实验设计方法,不仅需要课程上进行学习和考核,更重要的是学位论文从开题到撰写阶段,学生都应自觉有效地运用科学的实验设计方法。学院以及学校,可以在开题报告和学位论文中提出明确的多因子实验设计方法的要求,以保障学生能自觉有效地运用科学实验设计方法。学位论文中的多因子实验设计方法的高占比,就是实验教学效果的直接证据。

参考文献

[1] 张天嵩,董圣杰,周支瑞. 高级 Meta 分析方法:基于 Stata 实现[M]. 上海:复旦大学出版社,2015.

多元信息化技术提升实验室综合育人功能的建设和实践

毋妙丽

（同济大学　道路与交通工程教育部重点实验室，上海，201804）

摘　要　本文为解决优质资源的有效翻转和利用，更好地为轨道交通方向科教实验及学生创新活动提供资源，探索了多元信息化融合的框架，建设了资源管理系统、云桌面、虚拟实验等系统。实践表明多元信息化技术融合能为资源共享、移动仿真、方式多样化、科教转化等方面提供更好的实验教改平台，有效提高实验室的综合育人功能。同时也分析了信息化应用在资源翻转率和深度融合方面还需进一步探索的问题。

关键词　信息化管理；开放共享；创新人才；虚拟实验

1　引言

实验室作为学生能力训练及解决科学问题的主要场所，是学生综合素质培养的重要舞台。轨道交通人才的需求除了具有基本的专业技能，更要具有国际视野及工程创新能力，综合性人才能力的培养必须依靠实验室的资源和平台。随着信息化技术的发展，高校应利用信息技术与传统管理模式的融合，最大限度地提升实验室的综合功能，使学生成为教育的最大受益者。《教育信息化十年发展规划（2011—2020 年）》中明确提出："重点推进信息技术与高等教育的深度融合，促进教育内容、教学手段和方法现代化，创新人才培养、科研组织和社会服务模式"。教育部《2018 年教育信息化工作要点》再次强调促进信息技术与教育教学融合发展是教育信息化工作的重点，立足提升实验室综合育人功能而进行实验教学和管理信息化尤为重要。

实验室在实验教学和管理方面紧跟信息技术高速发展需求，应根据专业和资源特点积极适应发展环境，以提升学生综合能力培养为目标，通过多元化信息技术提升实验室的综合管理水平，为学生科研创新和实验教学提供更好的实验平台。本文通过多元化的信息化技术在实验教学和管理中的渗透，从创新活动的训练对实验室资源的需求出发，通过资源的有效利用手段、实验教学方式等多元信息化手段，提升实验室的管理水平和综合育人功能。

2　多元信息技术架构全面服务实验教学体系

2.1　多元信息化建设需要遵循的原则

实验室通过实验教学和课外开放实验等进行了多方面及多项信息化手段的探索和尝

试,在建设时由于各种原因没有形成一套完成的实验室信息化建设和管理体系,各个系统之间的衔接和兼容欠缺,结果只见树木不见森林。信息化是一个系统工程,从需求、设计、实施到测试和维护是一个需要做好整体规划、搭建合理体系的工程化过程,一个符合需求的、完整合理的信息化体系架构对于实验室的信息化建设至关重要。随着信息技术发展及教育部对教学的信息化的要求,本文总结经验,形成了信息化建设的原则,即建设架构以提升学生的综合创新能力为目标,系统兼容高和易于维护,促进优质教学资源整合与共享,形成以多途径和多方式的实验为手段的整体布局和建设体系。技术架构需要遵循的原则如图1所示。

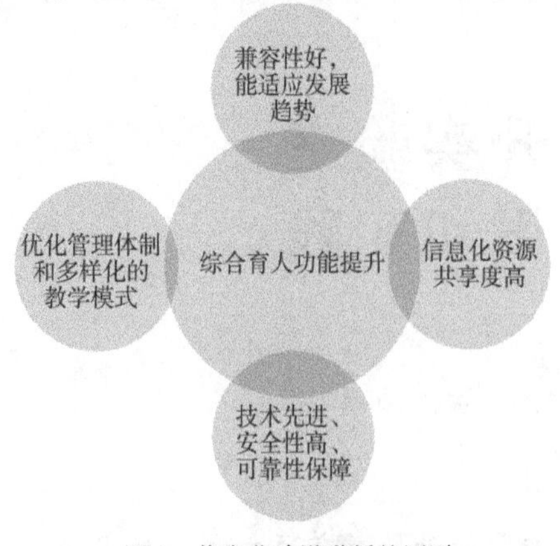

图1　信息化建设遵循的原则

2.2　多元化信息技术建设架构

实验室坚持"四结合"的教学理念和本硕博贯通的创新实验教学体系,以提高学生实践能力和创新精神为核心,以现代信息技术为依托,在数字化、媒体化等信息技术发展和师生互动性需求下,通过多元信息技术和手段在资源管理和科教创新活动中应用,凸显同济交通特色的本—硕—博贯通的分层阶梯式创新实验体系。在信息化建设原则指引下,结合信息技术的发展,逐步形成了以下软硬件相结合,实现预约—门禁—监控—电源管理—虚拟—统计等功能的一站式建设架构,如图2所示。

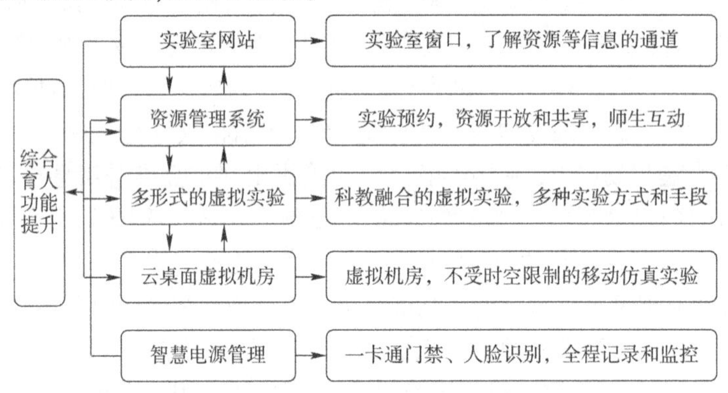

图2　一站式的多元信息化建设架构示意图

3　多元信息技术手段探索及实践

3.1　建立资源管理信息系统,提供专业优质资源开放共享

重点实验室是进行实验教学和科学研究的重要基地,在计划内教学和科研实验外,资源需要支持学生参加科技创新活动,为防止与科研实验相冲突,实验室网站和资源管理系统提供了资源总体情况和状态。资源管理系统除具有常规的基本功能模块外,通过整理和制作

大型设备、精密仪器的性能介绍和使用操作微视频,学生一键了解高精尖仪器,并根据自己的兴趣,共享先进的平台进行相关的科学创新实验研究;开放学生评价和互动功能窗口,定期整理并进行相关的功能更新。预约系统避免了学生频繁进入实验室人工预约的弊端,防止设备使用冲突,大大提高了学生和管理老师的效率。实验室网站和资源管理系统通过连接的方式可以在虚拟桌面系统、虚拟实验等其他多元化的信息之间进行切换。

在后续的开发中,我们将增加微信推送和二维码识别功能,可以将设备状态如空闲、维修或占用等信息定期推送。通过实验室综合管理系统的实验室预约功能,将会实现与实验室门禁管理、视频监控及大型设备的电源管理模块的联通,学生通过一卡通实现一站式实验室和设备使用。

3.2 虚拟桌面技术开放软件资源,实现不受时空限制的移动机房管理

虚拟桌面使用高效服务器集群代替传统机房终端,通过搭建完整的桌面服务器集群提供云桌面,将物理机房安装的所有专业软件安装在虚拟机上,学生即可在任何地方使用专业软件,不受其终端影响。云技术被认为是继个人电脑、互联网之后电子信息领域的又一重大变革。实验室建成的虚拟与桌面技术主要从学生创新实验的角度出发,共享软硬件资源通过网络连接的计算机资源统一管理和调度,构成一个计算资源池向用户按需服务。虚拟云桌面在实验室空间和资源有限的情况下,最大限度地提高仿真软件等使用效率,学生只需通过网络登录即可享受与机房相同的服务。应用全部集中在服务器上运行,易于管理和维护。通过网络访问桌面环境,不受用户客户机端限制,将各种在传统计算机部署方式下需要个人电脑完成的运算及存储交给性能强大的服务器集群处理。其基本逻辑拓扑图如图 3 所示。

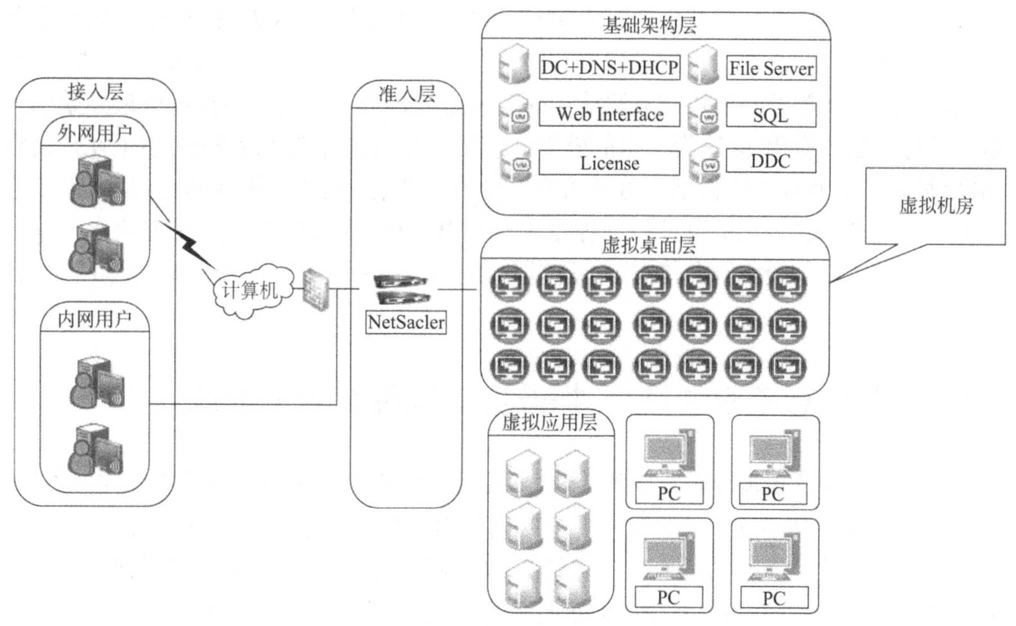

图 3 云桌面拓扑图

目前实验室已建成基于 VDI 云桌面的 100 个点,形成可供 100 个人同时使用的虚拟机

房,包括轨道交通相关的10余套专业软件与机房终端同步,克服了学院公共机房空间翻转不足的矛盾,随着3D虚拟技术的成熟,我们也建设了16个点的3D虚拟桌面,使得大型3D仿真软件也可以在云桌面共享。云桌面能够实现移动的、远程的仿真实验,更适合于目前疫情状况下教师居家办公进行仿真实验活动。

3.3 科教融合的轨道交通虚拟实验,提供更多的实验方式和手段

虚拟实验建设坚持的宗旨是"能实不虚,以虚补实,以虚促实",是信息化实验教学的重要部分。依托虚拟现实、多媒体、人机交互等信息技术,构建高度仿真的虚拟实验环境和实验对象,以支撑学生课内和课外创新实验,进行综合能力培养。科研成果转化成常规实验需要漫长的过程,虚拟仿真实验可让先进的科研技术和内容尽快投入教学。实验室鼓励轨道交通方向的教师将科研实验、工程经验等成果通过建设虚拟实验的方式,让学生身临其境感受现场施工的整个过程,根据自己研究的参数,得出工程相应的数据,并应用所学的理论知识对实验数据进行分析。

具有交通优势的科教融合虚拟仿真实验反映教育教学规律,符合轨道交通专业实践和创新活动需求。已建成的轨道交通施工虚拟仿真系统、道路施工虚拟仿真系统、大数据仿真平台以及虚实结合的高铁驾驶模拟平台等项目提供个性化学习路径,配合学生能力和兴趣做引导式调整,启发和诱导学生在真实或虚拟的实验环境下主动探索、自主实验实践,从而自我建构知识体系和创新发展。

3.4 信息化管控系统,实现无人值守和全天开放的实验室功能

为了更好地利用实验室资源,并在可控的状态下开放实验室,智慧电源管理监控系统将是今后发展的一个方向。智慧电源管理监控系统是指利用程序控制、信息智能化处理及电器控制等技术组成的分布式控制系统,结合实验室的门禁、仪器设备电源管理、软件派位、视频监控及灯光空调等控制模块完成智能化的远程监控管理。我们已经在使用最频繁的一个实验室进行了试点应用,并取得一定的效果。该技术与信息管理系统联通,学生在预约审批后,利用校园一卡通或人脸识别即可进入实验室开始工作,设备电源启动,实验结束后记录学生的使用信息。管理人员可进行远程监测及控制,保障无人值守但在受控状态下顺利进行实验。同时通过实验资源的统计情况,对各设备的使用率进行分析,以调整资源的合理配置。

4 多元信息手段的融合,提升实验室综合育人功能

科学实验作为认识世界最重要的手段之一,是大学研究学问的主要优势所在,也是轨道交通人才培养的重要手段。以上所述多种形式的信息技术和手段互相独立又相互关联,信息管理系统和网站使学生可以了解实验室和设备的状态,随时进行预约;云桌面和虚拟仿真实验通过web进行访问,不受时空限制进行创新活动;智慧电源管理和视频监控提供无人看守、更加自由的实验室开放功能。多元技术在实验室管理中的应用目的是为学生创造更好的创新环境和实验室资源的开放共享,为轨道交通所需要的综合性人才培养提供更好的土

壤。每年服务学生参加“国家大学生创新创业计划”“上海学生创新活动计划”等创新训练项目和“同路人”交通科技大赛等。实验室提供优秀的资源和共享办法,每年可支持全院学生开展科技创新活动,学生经过完整的创新实验在科研能力、分析问题能力、表达能力和团队合作等方面均得到了锻炼。近几年的获奖人数和组数逐年增加,2019 年国家一等奖以上的有 10 组,获奖人数为 36 人。通过对实验室提供的实验条件是否满意的调查结果显示学生的满意度在逐年提高,我们将根据学生的需求逐年改进和完善。

5 结语

随着“双一流”大学建设以及“三全育人”综合改革试点,实验室作为第一课堂的外延拓展提供第二课堂实践平台功能对人才培养肩负重要任务。学生在实验室和使用实验室资源的时间、效率、效益以及对实验室的依赖程度成为大学创新人才培养质量的重要标志。多元化的信息化技术开放共享资源,提供便捷的实验手段,增加学生的实验积极性,全面提升了实验室综合育人功能,提供了更多的实验室资源和一站式的实验服务。多元信息化管理服务使学生尽早接触学科前沿与先进技术成为现实,创新实验与重大轨道交通工程虚拟仿真系统无缝对接的切入点,拉近了实验教学与工程实践的距离。信息技术在实验室综合服务方面也存在不足:①由于信息的不对称,部分学生没有参加相关使用培训,不了解实验室提供的丰富的共享资源;②由于受宽带等技术的限制使得资源翻转率和深度融合方便还需进一步提高。

参 考 文 献

[1] 高东锋.信息化时代高校实验教学改革的要求、思路与路径[J].中国高等研究,2018(4):93-96.

[2] 杨选瑾,熊宏齐.研究型大学实验教学信息化实证研究[J].中国大学教学,2018(3):25-27.

[3] 姜丽,宋建华.高校实验室信息化体系的建设研究[J].实验室研究与探索,2018(1):5-8.

[4] 黎连业,王安,李龙.云计算基础与使用技术[M].北京:清华大学出版社,2013.

[5] 李平,毛昌杰,徐进.开展国家级虚拟方针实验教学中心建设提高高校实验教学信息化水平[J].实验室研究与探索,2013(11):5-8.

[6] LI Ping, MAO Chang - jie, XU Jin. Construction of the Nation Virtual Simulation Experiment Teaching Centers ,Improving the Experimental Teaching Information in higher Education s[J]. Research and Exploration in Laboratory, 2013(11):5-8.

交通信息传输原理层次化实验体系设计与实践

陈　杰　欧冬秀

（同济大学　交通运输工程上海市实验教学示范中心，上海，201804）

摘　要　面向交通工程专业（信息方向），提出了专业基础课交通信息传输原理课程实验体系设计的思路，设计构建了以验证性实验为基础、综合与设计性实验为主体、工程实践性实验为导向的层次化实验教学新体系，建立了以学生为主、教师为辅的实验教学新模式和多元考核机制。实践表明，新的实验体系效果显著，激发了学生学习的积极性，有效促进了课程实验教学质量、学生科研技能和工程实践能力的提高，增强了团队合作精神，有助于厚基础、宽口径、强能力、高素质卓越交通工程人才的培养。

关键词　交通信息传输原理；交通工程；实验体系

1　引言

“交通信息传输原理”是面向交通工程专业信息方向学生开设的课程，这门课程是交通与信息交叉中的一门属于电子信息类的专业基础课，它建立在“电路分析基础”“信号与系统”“电子技术基础”这些基础课之上。由于轨道交通信息控制以及智能交通系统中的管理与控制平台、车路协同控制等都需要通信技术的支持，而信息传输原理是通信系统和技术的基础，因此该门专业基础课将为轨道交通信号基础、车站与区间控制、轨道交通运行控制与管理、交通信息网与通信技术、智能交通系统等提供支撑。由于课程内容多，原理复杂，涉及的知识面也很广泛，学生不易理解和掌握，很难做到融会贯通。如果不将理论与实验、实践相结合，在单纯的理论讲解下，学生接受知识比较困难，工程实践能力、动手能力难以满足交通研究、交通设计与运营部门的要求。该课程原有实验教学体系的设计存在较多不合理，其内容偏离了交通行业对学生知识应用与解决实际问题的能力需求，因此，调整现有的课程实验体系，丰富和提升实验教学内容和质量，创新实验教学方法，构建以学生能力发展培养为中心的课程实验新体系，锻炼和提升学生的实践操作能力和工程创新能力，显得尤为迫切。

本文以同济大学交通工程专业（信息方向）为依托，提出交通信息传输原理课程实验新体系的建设思路，设计构建以验证性实验为基础、综合与设计性实验为主体、工程实践性实验为导向的层次化实验教学新体系，整合系列基础性、综合性、设计性、工程实践性实验项目，建立以学生为中心的实验教学新模式和多元考核机制，为交通工程专业高素质工程人才的培养提供实验支撑。

2 设计思路

近年来,智能交通相关领域产业发展迅速,行业对交通信息方向人才的需求不断扩大。用人单位除了要求学生具有坚实的专业理论知识,还要求学生必须具备良好的综合能力,特别是解决工程复杂问题的实践能力,这就要求在人才培养过程中必须高度重视学生实践和综合素质的培养,强化和提升其利用所学科学原理、科学方法、专业技能等对复杂工程问题进行分析、研究并提出综合解决方案的能力。交通信息传输原理作为专业基础课,支撑后续多门专业课程,其实验、实践环节的重要性不言而喻。

从该课程目前现有的实验体系来看,实验项目中基础原理类实验项目占整个实验教学体系的比例很大,而面向交通信息传输网仿真分析、交通信息传输网工程设计、交通信息传输网络测试分析、质量测评、协议分析等综合实验项目相对较少,这使得学生在解决专业领域综合工程问题的实践锻炼上有所缺乏。同时,在基础理论类实验内容的设计上,大都围绕理论教学的某一个知识点如信源信道编码、基带信号分析等展开,其教学方法大多数选择教师演示和学生重复验证的路径,学生选择的余地较小,各组之间的重复性较大。

为此,本文根据专业特点和行业发展需求,围绕课程核心知识点,设计实验教学体系。实验项目设计强调任务驱动,内容安排从原理验证、综合设计到工程实践,一步步指导学生通过实验将知识融会贯通,尽可能大范围地覆盖课程的主要内容并有所延伸。具体建设思路说明如下:

(1)单独设置实验课。单独设置实验课有助于强调实验的重要性,提升课程实验教学的定位,通过单独设置学分制实验课,使学生重视实验,也可以督促老师提高对实验教学的重视程度,丰富教学手段,有效提高教学质量和效果。

(2)层次化实验教学体系。层次化实验教学体系除了充分考虑与理论教学的衔接,还强调对所学知识的综合运用以及专业人才工程实践和创新能力的培养。

(3)增加工程实践类实验项目。围绕行业对智能交通工程人才能力的要求,增加工程实践类实验项目,按照工程咨询、设计的规范要求开展实验,强调对所学专业知识的综合运用。

(4)多层次实验教学模式。根据不同层次的实验特点,采用集中指导、小组引导、团队合作、答辩交流等多种教学模式,不断创新,促进实验教学体系的改进和完善。

(5)强化实验成绩考核。多方面考核评价实验成绩,包括实验过程中团队合作情况、实践参与度、分析问题的能力、实验报告质量、答辩能力等,激发学生积极参与实验、重视实验,全面发挥实验在培养学生创新能力、科研能力、工程实践能力等方面的作用。

3 层次化实验教学体系的设计

本文在分析课程现有实验教学体系不足的基础上,在以夯实课程理论基础、提高学生工程实践能力、实际分析问题和解决问题能力的原则下重新规划设计实验教学项目,形成验证型实验为基础、综合设计型实验为主体、工程实践型实验为导向的三层次实验教学体系。三层次实验教学体系要求普及验证型实验,强化综合设计型实验,推进工程实践型实验。通过实验内容的层次化递进,培养理论基础扎实、动手能力强、有创新意识、有工程实践能力的应用型人才。交通信息传输原理课程层次化实验教学新体系如图1所示。

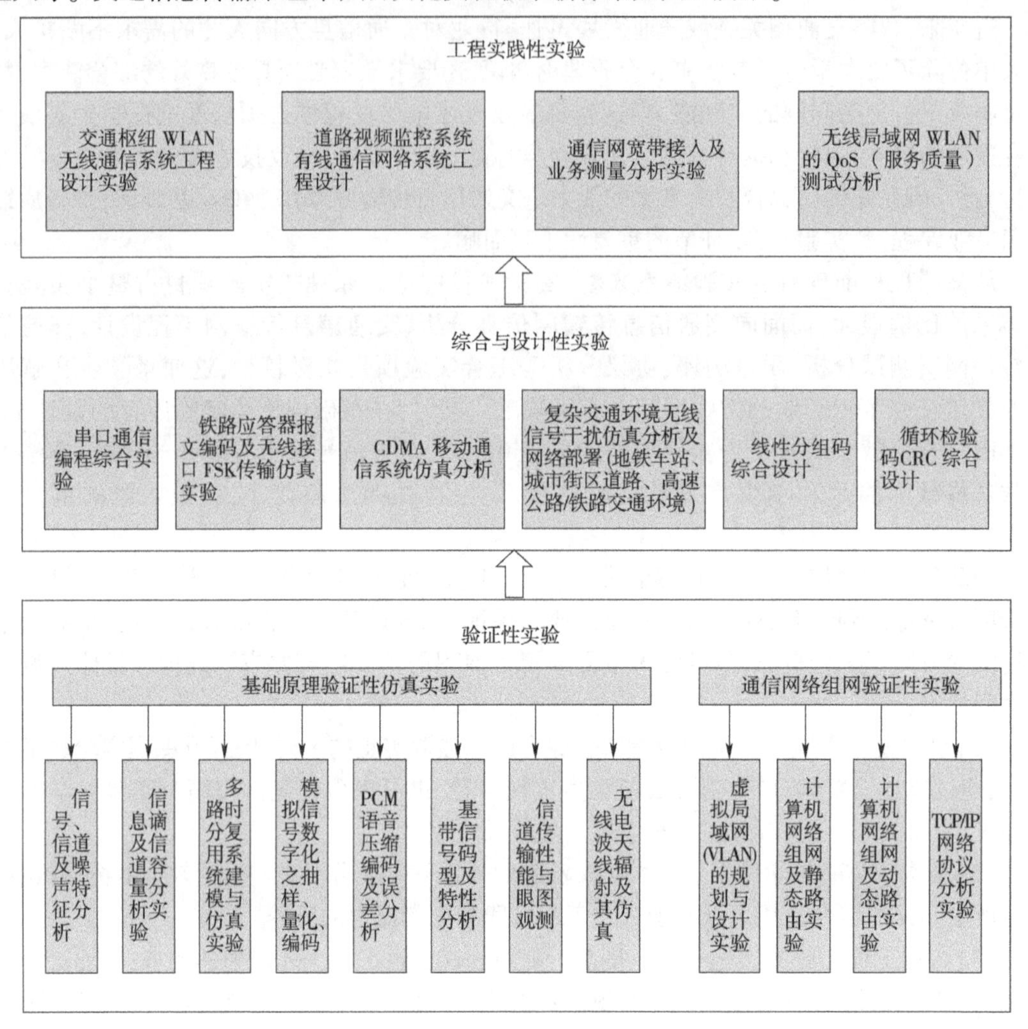

图1　交通信息传输原理层次化实验教学体系

3.1　验证性实验项目设计

验证性实验以帮助学生熟悉课堂理论教学知识点为目标,分为交通信息传输基础原理和计算机网络组网两大板块,每个板块下围绕课堂理论教学知识点,系统设计实验项目的内容。其中交通信息传输基础原理板块包括信息与信息系统、信源及信道编码、数字信息传输三部分8个实验,计算机网络组网板块包括交换机配置、路由配置及协议分析等4个实验。在硬件设备缺乏的情况下,基础原理类验证性实验可以采用Matlab仿真实验的教学方法,通过不同的输入信号,观察中间及输出的信号波形;计算机网络组网实验可以采用网络模拟仿真系统,实现模拟组网、数据及协议配置,以及对理论知识的验证。通过以上验证性实验,使学生建立牢固的基础知识和基本原理认知。

3.2 综合与设计性实验项目设计

综合与设计性实验以锻炼学生综合运用所学理论基础知识、技术基础知识的能力为目标,弥补验证性实验内容单一的缺陷,针对课程中涉及的复杂通信系统问题,综合利用所学的基础知识,设计综合解决方案,提升学生的综合能力。

综合与设计性实验是给定一个通信系统,通过分析系统各方面的性能指标,综合运用所学的理论知识,如编码、调制、编程等要求学生从理论上对系统设计、建模、开发,充分锻炼学生的研究、开发能力。其中,铁路应答器报文编码及无线接口 FSK 传输仿真实验、复杂交通环境无线信号干扰分析及网络部署等实验与交通工程专业方向密切相关。通过此类实验激发学生对交通工程专业方向的研究兴趣,锻炼其创新设计思维和能力,使其深刻了解和掌握专业技术发展前沿,为学生毕业后在智能交通工程领域的研究、设计、开发等工作以及研究生阶段的学习奠定基础。

3.3 工程实践性实验项目设计

工程实践性实验以锻炼学生工程实践能力、创新能力为目标,面向交通领域近年来信息传输技术应用和发展热点,设计了有线传输、无线传输工程设计实验和信息传输网质量测试分析等实验。

信息传输技术目前在整个智能交通系统中扮演着一个重要的角色,无论是在交通枢纽、智慧园区,还是道路交通和轨道交通等领域,都是智能交通系统的重要研究对象。通过实验,一方面可使学生从专业背景和职业意识角度出发,关注通信技术在智能交通系统中的相关应用和最新前沿技术,激发其对信息传输技术工程应用的研究兴趣,另一方面可提升学生在工程研究、工程设计、自主学习等方面的能力。

4 层次化实验教学体系教学模式

层次化实验教学体系的设计需要相应实验教学模式的创新,为此,本文对层次化实验教学新体系对应的实验教学模式进行了创新。针对验证性实验项目,实验指导书对实验项目内容给出较详细的验证方案、实验结果参考及提示,同时给出启发性思考,鼓励学生根据启发思维积极设计自己的实验验证方案,由授课教师引导完成,进一步加深学生相关理论知识点的深刻领会。针对综合与设计性实验项目,实验指导书仅给出实验总体要求、实验过程要求,由学生自行进行实验方案的设计、工具选择,授课教师仅对实验过程进行全程协调和技术指导,突出学生的自主性,锻炼学生综合运用课程知识的能力,培养学生分析、解决复杂问题的意识素养。针对工程设计实验项目,按照工程设计的规范要求,给出实验内容题目简介、提纲和范例,按照工程设计的方法、步骤和深度要求开展相关设计;同时要求学生从专业背景出发,关注与实验题目关联的交通相关延伸内容。针对实际工程测试分析实验,只给出实验内容题目简介,由学生自行制订实验步骤、实验设计,提出实验的具体内容,并实施、分析和进行结果探讨,在此基础上检索文献资料、撰写测试分析报告。

5 层次化实验考核机制

根据不同层次实验的特点,实验成果采用多元化考核机制,考核要点包括:

(1)验证性实验,要求每一位同学独立完成,根据实验指导书要求提交实验报告,评价标准主要是实验过程完整性和验证结果正确性。

(2)综合与设计性实验,学生自由分组选择实验项目,评价标准包括团队合作精神、学习态度、分析问题能力、解决问题能力、创新能力以及实验成果展示。

(3)工程实践性实验,学生自由分组开展实验,评价标准包括是否遵循相关标准规范、设计文本的完整性、分析的合理性、方案的科学性、计算方法的正确性、设计图纸的规范合理性等多个方面。

(4)实验报告文档分别从撰写的规范程度、内容翔实程度和文字表达熟练程度以及逻辑结构合理性等角度进行综合评价。对于软件设计文档,应按照软件工程规范要求进行描述。

(5)针对综合设计性实验和工程实践性实验,还需要进行实验成果汇报和答辩。每组选出代表进行汇报和演示,组员均需要随机回答老师提出的问题,以此督促每个学生的参与,促进学生间的交流。汇报和答辩主要从报告内容的逻辑性、PPT长短的时间适宜性、页面表达形式的生动性、答辩准确性以及不同时间条件下对报告内容要点把握的准确性等角度进行评价。

6 实践效果

将设计的"交通信息传输原理"实验教学层次化新体系在交通工程专业(信息方向)本科教学中进行实践应用,综合学生意见以及督导专家听课后的反馈,普遍认为实验体系设计突出了学生在实验过程中的主导地位,实验教学模式更体现以学生为中心,通过实验加深了对课程理论知识的理解,增强了解决问题的能力和工程实践能力,训练了科技论文、工程设计方案写作能力和工作成果报告技能,学分制的独立设课和全方位的实验考核能有效督促学生积极参与实验、充分调动学生的自学能力和学习积极性,对学习后续关联课程、将来的就业和深造都具有良好的帮助。

7 结语

厚基础、宽口径、强能力、高素质的交通工程卓越工程师培养目标对交通人才能力的培养提出了新的、更高的要求,亟须科学的、系统的实验教学体系和模式作为支撑。本文以交通工程专业信息方向的专业基础课——"交通信息传输原理"为例,设计了该课程层次化实验教学新体系,进行了初步实践,取得了良好的效果。新的教学体系内容更加充分全面,更加切合交通工程专业(信息方向)人才培养的实际需求,为交通工程卓越工程师培养提供了有效支撑,也为其他专业基础课的实验教学改革提供了借鉴。

参 考 文 献

[1] 董桂伟,赵国群,宋立彬,等.材料成形及控制工程专业实验教学方法探索与构建[J].实验室研究与探索,2019,038(006):218-221,225.

[2] 欧冬秀,闫黄,陈丽璇,等.面向轨道交通信息控制的《信息传输原理》教学改革实践[J].教育教学论坛,2016(39):95-98.

[3] 卢莹,庄丽华.基于CDIO工程教育理念的软件工程实践教学改革[J].教育教学论坛,2015,000(028):103-105.

[4] 陈耀华,古鹏,胡晓.物联网专业实践课程体系建设研究与探讨[J].西南师范大学学报(自然科学版),2014,39(4):212-216.

利用工程事故在工科课堂上进行思政教育的探索与尝试

黄世泽[1]　刘晓静[2]　邹晓磊[1]　王　映[1]　胡雨辰[1]

(1. 同济大学　道路与交通工程教育部重点实验室,上海,201804;
2. 江苏联合职业技术学院　无锡汽车工程分院,江苏无锡,214153)

摘　要　针对高校思政教育与专业教育相对分散独立、学生对于传统思政教育积极性不高的现状,立足于工科教学注重实践特点,尝试以工程事故为突破口,通过分析事故原因和预防措施,在工科教学中引入思政教育,探索工科课程思政的教学新方法,以达到有效进行思政教育、专业教学与思政教育相结合的效果,将培育和践行社会主义核心价值观融入教书育人的全过程。

关键词　工科教学;工程事故分析;课程思政

1　引言

习总书记在全国高校思想政治工作会议上强调:“要用好课堂教学这个主渠道,思想政治理论课要坚持在改进中加强,提升思想政治教育亲和力和针对性,满足学生成长发展需求和期待,其他各门课都要守好一段渠、种好责任田,使各类课程与思想政治理论课同向同行,形成协同效应。”工科教学的目的是培养未来的工程师,除了通过培养计划使学生具有扎实的专业功底,学术道德、职业素养和社会责任的培养更为重要,如何通过工科的课堂教学,嵌入式无缝隙融入思政教育显得尤为迫切。面向工科课堂的课程思政是基于工科专业教学,引入工程伦理与思想政治教育,帮助未来将要面对工程决策、工程设计施工和工程项目管理的工科学生建立起明确的社会责任意识、社会价值判断标准和对工程综合效应的道德标准,以使他们在职业活动中能够清晰地面对各种利益与价值的矛盾,做出符合人类共同利益和可持续发展要求的判断和抉择,并以严谨的科学态度与踏实的敬业精神为社会创造优质的产品和服务,降低工程风险。

高校思想政治工作,要坚持立德树人的根本任务,把坚持提高大学生思想政治素质作为核心内涵,把推进高校思想政治工作机制创新作为重要动力。大学生思政教育不可或缺,但如何使思想政治教育效果更佳、使工科学生更易接受相对枯燥的思想政治知识,成为高校教育工作者的研究方向。目前全国各大高校都开设有国家统一标准的思政课程,但学生大多对于此类课程不感兴趣,而且思政教育多为理论教学,脱离社会实践,与专业知识相差甚远,学生无法将学到的思政知识应用到相应专业学习中。针对长期以来的高校思想政治教育与专业教学“两张皮”、重知识传授轻德行培育的状况,我们应该在专业教学中融入思想政治教育,挖掘相应课程中的思想政治教育资源,真正做到知识教学和德行教育相结合,即“课程思政”。根据专家学者的研究和实践情况,目前课程思政是有效发挥课堂育人主渠道作用的必然选择,坚持立德树人,把培育和践行社会主义核心价值观融入教书育人全过程,将学科资源、学术资源转化为育人资源,使学生树立正确的人生观、世界观、价值观。

国内现有很多研究探索过高校课程思政的改革,提出从“思政课程”向“课程思政”转变,让“思政课程”与“课程思政”同向同行,相互支撑,形成合力,共同发挥育人作用。尝试过从课堂教学渠道融入“课程思政”教育理念,通过教学手段的创新和教育实践达到思政教育的渗透;也提出了新时代高校“课程思政”的建设与改革路径。但具体到课堂教学中的课程思政探索,主要集中于理科教学,立足于专业基础课程,在知识背景、研究历史等方面引入相应的思政教育。目前已有的尝试中,教学中能够引入思政教育的情况较少,且教育拓展面大多限于学习先辈的优良品德,与真正的实践运用还有一定距离。针对工科教学的思政探究也较少,且工科专业注重工程实践,相应的课程思政教学方法还待完善。

为探索工科专业教学与思政教育的有机融合,笔者在理论指导和实践尝试下,尝试通过具体的工程事故来引入思政教育,从分析事故多方面原因和工程师的职业道德等角度展开教学,从而进行课程思政。

2 利用工程事故在工科课堂教学进行思政教育的方法研究

工程事故,是指工程结构因自身缺陷或使用不当等原因造成破坏,无法继续完成其预定功能,或者对邻近建筑物和环境造成危害的事件。一项工程在建设管理、监理、勘测、设计、咨询、施工、材料、设备等环节中均有工程师的参与,如果工程师职业道德缺失,难以想象这样的工程会给社会带来怎样的后果。一项优质的工程不仅需要合格的技术,更要求工程师秉承“以人为本”的职业道德。因此在工程师的培养中,思政教育必不可少,且应在高校本科阶段就开展。

基于工科专业注重实践的特点,以工程事故为突破口引入思政教育,是可行性较高且符合专业实际的教学手段。具体的工程事故会引发学生的高度关注,而带着对事故原因探究的渴望,学生将充分运用所学专业知识,结合具体情况分析,提升工程实践和创新能力。教师再通过工程事故分析引导学生探讨预防事故发生的手段,从工程的设计和制造等方面的问题入手,阐明事故原因以及改进和预防措施,进而上升到工程师应具备的技术本领、社会责任和职业道德等,从而达到有效引入面向未来工程师的思政教育的目的。

图1为利用工程事故进行思政教育的逻辑图,工程事故一般都能归结为“设计问题”“制造问题”和“检修问题”。“设计问题”通常体现在两个方面:一是设计人员没有按照设计规范来进行,这体现了设计工程师的“社会责任”问题,我们的设计应该以人为本、服务于人民,要时刻有以人民为中心的责任意识。二是设计人员设计能力不足,这就要求我们在学校寻求真学问,苦练真本领,这样未来走上工作岗位才能交出高水平的工程,避免一些工程事故。在“制造问题”上,更多的是为了追求利润,在产品制造和工程建设上“以次充好”,这主要体现在“职业道德”上,更是与社会主义核心价值观“诚信”相背离,因此要引导学生做一个“诚

信”的人,这样才能做好高质量的工程。在“检修问题”上,更多地体现在“责任意识”上,能否引入先进的检修手段确保工程的安全运营？当发现问题以后,能不能实事求是,及时上报,将隐患消灭在萌芽中？“责任意识”要求要真正地对工程质量负责、对用户负责、对人民负责,敢于说真话,敢于实事求是地将故障隐患上报。

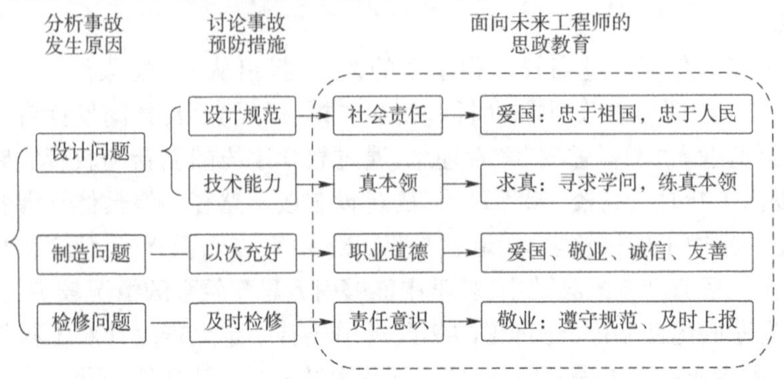

图1　利用工程事故进行思政教育的逻辑图

具体而言,教师可按课前准备、课堂实施和课后提升三个阶段进行课堂教学设计。

在课前准备阶段,教师应充分分析和把握学情,遵循学生的思政认知发展规律。当前大学生普遍思维活跃,接受新鲜事物能力强,但价值观念尚未成熟,易受网络风向等外界因素干扰。教师作为传道授业解惑之人,就是要帮助学生树立良好的价值观念和道德品质,“扣好人生的第一粒扣子”。因此,对于本科一、二年级的学生,应侧重爱国主义、理想信念、品德修养等思政内容的教育。到了三、四年级,学生就是面临就业的准职业人,是国家未来的准工程师,此时,职业道德、伦理观念、责任意识的渗透教育格外重要。教师应在分析学情的基础上,充分备课,深挖专业课程中蕴含的思政教育元素,将培养学生的良好思政观念纳入课堂教学的情感目标范畴,并以此为依据,选取合适的工程事故案例。

课堂实施阶段,教师需考虑三个问题:何时抛出工程事故案例？如何分析案例？如何进行情感目标升华？工程事故案例抛出的时机不同,将起到不同的课堂教学效果。课前导入环节,工程事故案例的引入能够起到振聋发聩、发人警醒的作用,可以提高学生学好专业知识、用好专业知识、科技报国的责任感和使命感;理论学习环节,通过深入分析工程事故发生的原因,思考事故的预防措施,可以检验学生专业知识的掌握程度,以及灵活运用专业知识解决工程实践问题的创新能力;总结提升环节,引入工程事故案例不仅是对本次课专业知识的总结与运用,还能培养工科学生的良好工程伦理观念。此外,教师在课堂教学的过程中,也可灵活选择分析案例的方式,以免课堂教学形式过于单一,例如:教师可以自己讲述工程事故案例,让学生在课堂上进行讨论,运用所学知识分析事故产生的原因,并提出改进方案和预防措施;也可以让学生课前搜集资料,课上分组汇报,教师进行总结提炼。除了以上常规方式之外,教师还可以依据工程事故案例组织小范围的辩论赛和民意调查等,以此来丰富课堂教学形式。有了前面抛出案例、分析案例的铺垫,将工程事故引入课堂最终还是要回归“课程思政”的本质目标,因此,课堂情感目标的升华尤为关键。以教师为主导、学生为主体的现代课堂,让学生开口说,让学生自己设计优化方案,让学生动手实践才是最好的形式。学生通过自己的探索来体会教师的设计意图,自行领悟蕴含在工程事故案例背后的思政教育内容。

课堂上思政教育的成果还需课后来巩固,因此,教师在设计课程作业时要注重思政教育的渗透,协调资源,让学生能够接触更多公益志愿项目;针对学生撰写的实验报告,教师除了要关注技术路线、实验数据、实验结果等,也要强调学生心得体会交流。"课程思政"教育不是一朝一夕之事,而是渗透到教学的每一个环节,是真正"润物无声"的教育过程。

通过上述方法,在专业课堂中通过探讨事故预防措施引入课堂思政,教师可以达到专业教学与思政教学"双赢"的目标,学生对知识的理解也更深刻。

3 利用工程事故在工科课堂进行思政教育的实践研究

在具体教学实践中,教师可以精心准备一个与专业知识教学密切相关的典型工程案例,以引起学生的高度关注,并引导学生运用所学知识讨论事故原因和预防事故发生的手段,通过科研经验与成果启发学生的探究和创新思维,再通过探讨事故预防措施尝试引入思政教育。下面以"轨道交通系统概论"的课程教学为例,我们尝试通过"德国高铁 ICE 出轨事故"进行课程思政的实践探索。

在教学过程中,教师可通过介绍全球轨道交通发展现状和趋势,抛出工程案例"德国高铁 ICE 出轨事故",利用惨痛的事故教训引发学生的高度关注,并根据事故中出现的工程问题,联系课堂相应知识点进行教学。

1991 年 6 月,德国城际特快列车(简称 ICE)正式投入运营。代表高科技的 ICE 是当时世界上最快的列车之一,以豪华舒适和极高的安全性著称,ICE 列车高速行驶了七年无一例死亡事故,号称世界上最安全、最先进的列车。但是,1998 年 6 月 3 日,一辆从德国慕尼黑开往汉堡的高速列车却在途中突然出轨,造成了世界高铁历史上第一次严重的伤亡事故(图 2),ICE-1 列车上 400 名乘客中,101 人死亡,105 人受伤,这次惨痛的事故打破了德国制造的神话。

图 2 德国 ICE 高速铁路事故现场图

在抛出事故背景后,教师可进行一些探究引导,介绍一些轨道交通技术方面的学术论文和目前科研成果,也可以将轨道交通智能运维的一些创新研究的初步结论分享给大家,启发学生科学思考问题,在新技术的基础上进一步地讨论分析德国高铁出轨的原因。学生从所学知识点考虑,结合事故分析报告,在教师的引导下分析几个方面的原因:车轮构造问题,导轨设计得不合理,交汇点的护轨设置等。教师针对学生提出的解释进行更进一步的分析,将所学知识运用到实际问题中,加强学生对知识的理解。

高铁出轨的原因,可以分为设计问题和检修问题。根据当时事故调查小组的数据,可以大致还原事故真相:德国工程师为减少高铁车厢的噪声和震动,设计出一款新式双壳车轮,而在车轮功能测试中出现的异常未被重视,在高铁日常的维护检修中也没有严格按照要求检查出隐藏问题,于是事发当天由于钢圈的破裂导致车轮毁损,破裂的钢圈悬挂在车厢下部，一路刮擦铁轨，在经过交汇点时，钢圈铲起护轨，刺穿车厢，巨大的冲击力导致第一节车厢后端两个车轮出轨，接着在行驶到第二个交汇点时出轨车轮撞开交汇点，导致后面所有车厢进入错误轨道，第一节车厢和后面的车厢驶入不同轨道，然后撞上路桥，崩塌的路桥损毁了铁轨，剩余车厢不是被落石砸中，就是脱轨损毁。一系列的意外最终酿成了这次惨痛的事故（图3）。

图3　德国ICE高速铁路事故原因分析

在设计问题中，为减少车厢噪声和震动而改进高铁本是不断探究创新的正确做法，但面对众多改进方法，比如修改铁轨本身不切实际的设计，车身整体重新设计，修正部分的悬挂系统，或是改变车轮构造等等，工程师需要综合评估各方案的优劣，不可顾此失彼，更不能为了节约成本而无法保证工程的安全性和可靠性。作为未来的新工科生，社会责任是必不可缺的，我们更应当把用户放在心中，心中想着用户，把人民放在心中。而每一个新设计出来的产品或者工程，在正式投入使用之前必须经过严格的测试，评估过程中所有异常的数据和结果都应该引起重视，设计者必须考虑该产品所有可能出现的状况，必须抱着严谨求实的工作态度，不断检查和完善工程设计，不能允许出现任何差错。

在检修问题中，当时德国的工作人员未严格按照检修要求使用精密仪器认真检查，而是简单用手电筒代替，由于没有及时发现潜在的问题而最终导致了事故的发生。这种不负责任的行为是对高铁安全运行保障的忽视，表明工作人员缺乏社会责任感和安全意识，这警示我们在校期间应该认真学习，树立安全意识，懂得"防患于未然"的重要性，认真对待每一次工作、每一处细节，培养社会责任感。根据这次的高铁事故，我们也应该痛定思痛，总结事故原因，吸取教训，做到类似事故的有效预防，避免惨剧的再一次发生。

这样在一节轨道交通的专业课教学中，我们以问题导向和事故探究作为辅助，引导学生结合所学，联系实际，综合运用理论知识，同时潜移默化地引入了生动的思政教育知识。

4　结语

当今大学教育体系中专业课程和思政课程还过于分散独立，且单纯的思政课程过于重视理论教学，课程枯燥无味，学生积极性不高，而且对于知识的掌握也仅仅只停留于理论理解水平，无法结合实际进行实践运用。而我们通过事故案例这一抓手，打开了专业课堂思政教育的缺口：由事故原因引出背后的人为责任，由人为责任引出工程师的职业素养，由职业素养上升到思政教育，从而逐步探索专业教学与思政教育的最大交集。通过工程事故分析与原因探讨，使专业课程与思政课程相融合，理论与实践相结合，从而将各自为营的"专业课程"和"思政课程"逐步转变为融会贯通的"课程思政"，将社会主义核心价值观和马克思主义理念真正融入大学的每一门课程，实现全程育人、全方位育人。

参考文献

[1] 习近平. 把思想政治工作贯穿教育教学全过程,开创我国高等教育事业发展新局面[N]. 人民日报,2016,12-09(1).

[2] 肖平. 工程伦理导论[M]. 北京:北京大学出版社,2009.

[3] 王亚非. 坚持立德树人根本任务 开创高校思想政治工作新局面[J]. 中国高教研究,2019(01):1-5.

[4] 陈立婧. 将“课程思政”理念基因融入专业课堂教学的探索[J]. 教育教学论坛,2018(46):49-50.

[5] 陈立婧. 从课堂教学渠道融入“课程思政”教育理念——以《普通动物学》为例[J]. 教育教学论坛,2018(29):203-204.

[6] 吴贵春. “思政课程”向“课程思政”转变探析[J]. 内蒙古农业大学学报(社会科学版),2019,21(02):40-43.

[7] 江颉,罗显克. 新时代高校“课程思政”建设的路径探究[J]. 中国职业技术教育,2018,(32):84-87.

[8] 姚立根,王学文. 工程导论[M]. 北京:电子工业出版社,2012.

城市轨道交通工程专业课程思政建设

丁伟华

(华南理工大学　广州二级学院汽车与交通工程二级学院,广州,510800)

摘　要　立德树人是教育的根本,本文以华南理工大学广州学院汽车与交通工程学院城市轨道交通工程专业为例,从党建业务融合树立课程思政理念、注重教师培训提升专业教师课程思政能力、层层布局逐步推进专业课程思政教学改革与教学评价、完善体制机制建设等方面阐述了该专业在课程思政建设上的建设思路与系列举措。通过大胆践行专业课程思政建设和教学改革,专业育人取得较好成效。

关键词　立德树人;课程思政;专业课程建设

1　引言

党的十九大报告明确指出:“要全面贯彻党的教育方针,落实立德树人根本任务,发展素质教育,推进教育公平,培养德智体美全面发展的社会主义建设者和接班人。”习近平总书记在系列讲话中亦强调:“要把立德树人的成效作为检验学校一切工作的根本标准。”“要把立德树人内化到大学建设和管理各领域、各方面、各环节,做到以树人为核心,以立德为根本。”在这样的背景下,以立德树人为宗旨,充分发挥课堂教学在育人中的主渠道和主阵地地位,深化教书育人内涵,将思想政治教育贯穿于教育教学的全过程,培养德才兼备、全面发展的合格人才,简称“课程思政”,成为教师的光荣使命。

课程思政,实质是一种落实立德树人,重构育人体系和模式的建设思路。“课程思政”要求所有课程的知识体系都体现思政德育元素,所有教学活动都肩负起立德树人的功能,全体教师都承担起立德树人的职责。要求专业课、综合素质课、公共课等都要挖掘育人元素,将知识传授与价值引领结合起来,达到协同育人的效果。课程思政是一种教育理念,要求将有形的知识传授与无形的价值观教育有机联系起来,突破了思想政治理论教育对学科建设的局限,把立德树人贯穿到教学的全过程,构建课程教学“大思政”的新格局。

2　课程思政建设思路及举措

华南理工大学广州学院城市轨道交通工程专业全体教师积极响应党的号召,以立德树人为教育根本,大胆践行课程思政教学改革,取得较好成效。

(1)党建与业务融合,坚持教育者先受教育,推动促进课程思政理念深入人心。

为彻底摆脱党建和业务“两张皮”现象,汽车与交通工程学院坚持党建引领业务,大胆推行“双肩挑”，由支部书记兼任教研室负责人，负责“支部建设与业务管理齐抓共管”，专业建设带动支部建设，专业特色成就支部特色，将专业课程思政建设作为支部特色工作内容，写入党建工作内容，将课程思政政策解读作为党课主题纳入党员教育培训，推动课程思政理念深入每位党员和非党员教师脑海，在课堂教学中自觉主动地专业育人、思政育人。

(2)注重教师的教育培训，提升教师课堂思政教学能力。

教师的思想政治素质、思政教育意识与能力因人而异，直接决定专业课课程思政教学质量。为提升教师课堂思政教学能力，积极动员并组织教师参加相关的课堂思政教育教学能力培训，组织专门的课堂思政云系列培训、课堂思政研讨与教学观摩，从课程思政的氛围创建，到教学方式的多样化，再到课程思政教学效果的衡量评价，从不同的维度引导教师实践与反思，推动专业课教师课堂思政教育教学技能的提升。

(3)以点带面，形成示范效应，逐步推进专业课程思政建设。

在学院层面进行布局，以教研室为单位，每个教研室重点建设培育一到两门具有课程思政特色的专业示范课，从教学大纲、教学组织、课程内容、教学方法、实践教学、教学展示等环节形成典型示范、辐射带动效应。每个教研室负责至少一项课程思政教学改革项目建设，集中教研室力量，组织教师对试点项目建设的经验进行梳理总结，进一步提炼各自特色，丰富成果形式。在此基础上明确 1 ~ 2 门建设成效较好、能够体现专业特色的课程作为示范课程，加大建设力度，明确发展目标，努力打造成为有影响力的品牌，并逐步由点及面，逐步推进专业课整体的课程思政建设。

(4)发挥专业特色，重视教学设计，优化教学内容，创新教学方式，深化课程改革。

充分发挥专业特色，立足课程教学内容，发掘专业课思政教育元素，制订专业课程教学目标，拓展专业教学内容深度和广度。在教学理念、教学设计、教学内容、教学方式上，实施“课程思政”全方位课程改革。

在教学设计时，洞察学生专业实践和学科发展所蕴含的思政价值与意义，确保教学内容的真实性和思政教育的价值性。找准课程思政切入点，充分揭示专业知识传授、技能培养与思政元素之间的内在联系，实现思政教育效果的最大化。优化教学内容，紧密结合社会现实、理论热点，以教学大纲为依据，遵循“精要、实用”原则，整合教学内容。整合时不减重点，不避难点。力求突出学生解决问题的意识，围绕问题展开教学，将理论教学与实际需要有效结合，提升学生学习的动力。

创新教学方式。在具体教学上，鼓励教师营造宽松愉快的课堂教学氛围，采取灵活多样的教学方式，如讲授、案例教学、分组讨论、辩论、演讲等，力求做到课程思政“教师有教，学生无感”，不生硬，不说教，自然融入。

(5)改革课程教学评价方式，注重形成性过程评价反馈。

教学评价是对课程教学质量的反馈，因为评价目的的不同，传统教学评价往往走向两个极端，要么侧重对教师的评价，没有考虑学生的学习状况，要么侧重对学生的评价，忽视教师的教学情况。华南理工大学广州学院汽车与交通工程学院为更好地利用教学评价反馈促进教学质量的提升，进行了大胆的改革创新。

首先，教学评价不再是单纯的学生评价教师或者教师评价学生，而是突出评价主体的多样化、评价内容的多维度和评价结果形成的过程化。课程教学质量以学生评教为主，以教师评学为辅，双管齐下，综合考虑教学效果和质量。教学评价类分为评教和评学。

评教采用学生评价、同行教师互评、督导评价相结合的方式，主要从教学态度、教学内容、教学方法与技能、教学效果等方面展开，细分为15个评分点。通过评教反馈，促使教师改进教学方式方法，提升教学质量。

评学体现在学生的课程学习成绩上。学生课程学习成绩注重形成性过程反馈，以最终综合成绩为准。学生可全程追踪课程学习成绩，推动学生“学在平时，学在积累”。评价内容上，降低期末考试成绩占比，采取平时成绩（包括课堂出勤，课堂互动表现，线上学习，课后作业等）30% + 期中随堂考试20% + 实践（实验）10% + 期末闭卷考试40%的方式。其中期中考试占比不低于20%，期末考试占比不低于40%，其他各项内容比例可由任课老师根据具体课程适当调整。

另外学院每学期会组织专门的期中教学调查（分别针对学生和教师），并开展由师生代表组成的教学反馈座谈会，促进双方交流沟通和反馈。

(6)完善机制，为协同育人提供制度保障。

体制机制为协同育人提供制度保障。为切实保障课程思政在专业课教学上落地生根，华南理工大学广州学院汽车与交通工程学院成立了课程思政建设工作小组，党总支书记任组长，院长任副组长，各专业负责人任组员，定期召开工作推进会，从试点先行到全面铺开，确保专业课课程思政建设常态化展开。建立定期开展专业课教师、思政教师、辅导员联席的教学座谈会和教研室集体备课制度；在专业课程教学改革上优先支持课程思政建设项目立项；教师管理上实施“师德一票否决”；实施教学信息员监督反馈制度，对在专业课堂教学中传播违法、有害观点和言论的依法严肃查处；制订专业课程的教学指南，引导教师合理编制教学大纲和教学设计等。

通过一系列举措，华南理工大学广州学院汽车与交通工程学院全体教师思想上形成共识，在专业课堂教学实践中思政育人的自觉主动性不断提高。学生精神风貌也发生明显改变，迟到早退较少发生，递交入党申请和报名入伍参军、报名三支一扶和西部计划人数不断增加（报名录取人数位列广东省高校前列），对时事政治关注热情明显提升，专业学习和实践态度也转变明显，求知欲望更加强烈，师生关系更加和谐。

3 结语

华南理工大学广州学院在课程思政建设上给予了大力的政策倾斜，在教育教学改革项目上给予专项支持，极大地鼓舞了专业课程教师课程思政教学的信心和决心。从效果来看，专业课程教学与思政教育无缝融合，学生反响良好。但在专业课程思政改革研究上，还有待进一步加强，如专业课程思政内容有待进一步深挖，专业课程思政的评价还不能准确区分主体，专业课程思政制度建设仍需完善等。总之，专业课程思政建设是一项长期的系统工程，需要各方协同努力，期待各位同行在专业建设上同向同行，共谋发展。

参考文献

[1] 玉凤. 论“课程思政”育人模式的构建[J]. 包头职业技术学院学报,2019(3):31.

［2］刘福玲. 供热工程课程思政改革的探索［J］. 探索,2019(22):174.
［3］陆道坤. 课程思政推行中若干核心问题及解决思路——基于专业课程思政的探讨［J］. 思想理论教育,2018(3):64-69.
［4］史秋衡,王爱萍. 应用型本科教育的基本特征［J］. 教育发展研究,2008(21):34-37.
［5］中华人民共和国教育部. 教育部印发《高等学校课程思政建设指导纲要》,全面推进高校课程思政建设［J］. 新教育,2020(19):32.
［6］曹辉,曲丹,刘敏,等. "三全育人"角度下专业课"课程思政"建设的思路与探析［J］. 教育现代化,2020,7(18):88-90.

融入思政教育的轨道交通供电系统综合实验设计

——以轨道交通供电系统SCADA实验为例

刘　虎　潘志群　万　衡

（上海应用技术大学　轨道交通学院，上海，201418）

摘　要　轨道交通供电类课程是供电专业的重要专业课程。本文依据该方向学科特色和轨道交通供电类课程设置，以供电盘SCADA系统实验为例，以综合性实验设计为主线，探讨了综合性系列实验的设计思路、内容安排、教学模式，并提出了实验课程与思政教育结合的策略以及融入思政教育后实验成绩的考核评价方法和要点。

关键词　交通工程；轨道交通供电系统；实验课程；思政教育；模拟实训

1　轨道交通供电课程体系及综合实验概况

面向轨道交通供电工程专业学生开设的轨道交通供电类专业课程包括电机学、电力系统分析、电力电子技术、高电压技术、电力系统继电保护原理、远动监控技术、接触网工程、供电系统机械制图、供变电工程等。通过课程学习，能使学生对轨道交通供电系统及其发展有一个全局性的了解，并掌握供电系统专业技术，从而使学生在知识结构、实践能力、创新应用等方面能够适应轨道交通的发展与技术的进步。

轨道交通供电专业课程应用性极强，注重实践，注重分析问题和解决问题的能力，以及创新能力。经过优化后的课程体系所设计的实验与理论紧密相连，不仅能够培养学生分析问题和解决问题的综合性能力，而且与实验验证相结合。为了加强对学生分析问题和解决问题的综合应用能力的培养，在原有的供电专业课程的基础上，增加了实验验证环境，改变了以往实验的设计，将学生学到的各门相关课程融会贯通，在实验课中循序渐进，从认知、验证、分析、综合性、创新性等多个环节考虑实验设计，以实现对学生全方位专业能力的培养。

2　设计思路

轨道交通供电专业实验课程的设计应区别于传统的供电专业，不仅要专注于轨道交通相关系统和设备的操作、维护管理以及设备故障分析与解决等能力的培养，而且要体现宽口径轨道交通供电技术人才培养的特点，从宏观专业背景和职业意识角度出发，侧重于对系统整体和前沿技术的了解，以及工程研究、工程设计、自主学习等能力的培养。从轨道交通供电工程专业人才培养角度出发,综合型实验设计围绕课程核心知识点,强调任务驱动,内容安排从浅入深,从认知实习、验证型实验到最后的综合性设计实验,形成系列,一步步指导学生通过实验将知识融会贯通。通过实验强化学生对知识点的掌握,激发学生的学习兴趣,提高学生的动手实践能力和研究水平。

实验是专业理论与实践连接的重要纽带,将思想政治教育和该类实验课程进行有机结合,能够更加全面地树立轨道交通人才思想进步、专业实践能力扎实的积极形象,更好地满足国家对高素质轨道交通人才的要求。

我国正处于实现中华民族伟大复兴"中国梦"的关键时期,经济建设、社会发展以及科技进步所面临的新阶段、新情况对思想政治教育提出了更高的要求。而在这个关键阶段,发生了全球特大疫情,在这个特殊时期,在大学生思想政治教育中,充分挖掘我国经济和科技防疫战线的典型案例,并融入课堂中,让学生们明白,强大的经济和科技实力是我国很快战胜疫情的保障,有了雄厚的经济基础、强大的科技实力,中国抗疫才能占领先机。不仅如此,此次抗击疫情让学生更加坚定了道路自信、理论自信、制度自信、文化自信"四个自信"。

3 轨道交通供电系统综合型实验设计

轨道交通供电系统是轨道交通系统的重要组成部分,是与行车安全直接相关的全线路系统。该部分内容涉及所有的动力、轨道交通运行控制与管理等课程。考虑到相关课程是在不同学期进行学习,因此轨道交通供电系统综合型实验的设计和实施是一个动态的、递进的过程。通过梳理相关课程核心知识点,轨道交通供电系统综合型系列实验设计应环环相扣,通过不同阶段的实验不断深化实验内容、实验难度。实验内容设计、课时安排及实验教学模式具体说明如下。

3.1 实验内容及课时安排

(1)高速铁路牵引供电系统综合实训

高速铁路牵引供电综合实训系统是按照实际运行的高速铁路牵引变电所进行配置的,如图 1 所示,包含模拟牵引变电所、AT 所和分区所,并可以模拟主变主保护、主变后备保护、AT 馈线保护、AT 自耦变压器保护、故障测距功能和安全监控系统功能,主要用于帮助学生理解和掌握高速铁路牵引供电系统一次设备以及继电保护、控制、测量、信号等自动化设备的工作原理、功能使用、操作维护、故障排查等实用技术。

针对本实验,要求学生在参观 SCADA 系统的过程中重点了解和学习高速铁路牵引供电的系统结构和系统功能。要求每一位学生在实训结束后,提交综述报告,阐述高速铁路供电系统的现状、发展趋势及技术热点等内容。

(2)高速铁路牵引供电系统验证实验

完整的高速铁路牵引供电系统具有庞大的内容体系,许多设备占地面积大、价格昂贵,不适合教学使用,因此,高速铁路牵引供电系统验证实验采用虚拟仿真与实际系统相结合的方式。如图 2 所示,在室内实验室部署有完整的 SCADA 系统,而线路则部分采用模拟、部分为实际线路,充分利用学校的 200m 实验线路(图 3)。该线路是与上海申通地铁、上海铁路局共建的轨道交通试验线，具有高铁城轨实体线路、带电实验变电接触网系统，能为轨道交通智能维保研究和工程化实验提供基础实验。

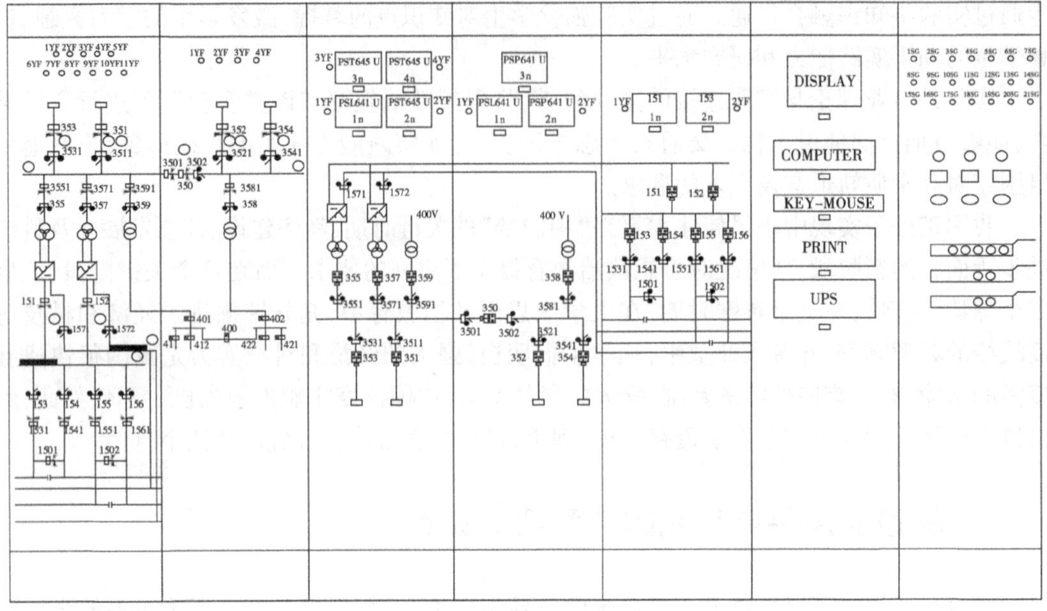

图1　高速铁路牵引供电系统结构

图2　SCADA 系统

图3　在校园内的 200m 实验线路

实验设计涵盖了以下几个方面的内容：

①故障模拟和分析。包括单相变压器非电量故障；单相变压器主保护故障；单相变压器后备保护故障；自耦变压器保护故障；AT 馈线保护故障；故标测距功能；安全监控系统功能。

②保护功能验证。包括进线及主变自投保护功能；单相变比率差动保护和差动速断保护功能、低压启动高压侧过流保护功能、低压启动低压侧过流保护功能；主变非电量保护功能；自耦变差动保护功能、自耦变过流保护功能、自耦变碰壳过流保护功能、自耦变自投保护功能；馈线过流保护功能、馈线三段阻抗保护功能、馈线失压保护和重合闸保护功能、高阻 I 段保护功能、过负荷保护功能；故障测距功能；激光对射传感器、红外门禁传感器、烟感传感器、玻璃破碎传感器、水浸传感器、温湿度传感器。

③控制功能验证。包括进线断路器、变压器、馈线断路器、AT 自耦变压器断路器当地及遥控操作；进线隔离开关、馈线隔离开关、AT 自耦变压器隔离开关当地及遥控操作；保护压板投退；保护定值区切换；重合闸投退；母联备用电源自投投退。

④信号功能验证。包括开关位置信号;保护动作信号;操作事项信号;自检信号。

⑤安全监控系统功能验证。包括激光对射传感器报警并在后台中显示报警信号;红外门禁传感器报警并在后台中显示报警信号;烟感传感器报警并在后台中显示报警信号;玻璃破碎传感器报警并在后台中显示报警信号;水浸传感器报警并在后台中显示报警信号;温湿度传感器在后台中显示温度和湿度。

(3)城市轨道交通变电所综合实训系统实验

城市轨道交通变电所综合实训系统按照实际运行的地铁牵引降压混合所进行配置,包含模拟牵引变电所、模拟降压所、模拟直流馈线及牵引网、变电所综合自动化系统、故障模拟系统,主要用于帮助学生理解和掌握城市轨道交通牵引供电系统一次设备以及继电保护、控制、测量、信号等自动化设备的工作原理、功能使用、操作维护、故障排查等实用技术。图 4 所示系统包括两路 35kV 进线、一路 35kV 出线、一路 35kV 母联、一台整流变、一台配电变、一路直流进线、一路直流馈线配置保护。系统包括两面保护测控盘、两面实验模拟盘、一面故障电流模拟盘、一面直流 1500V 保护测控盘及后台监控系统。

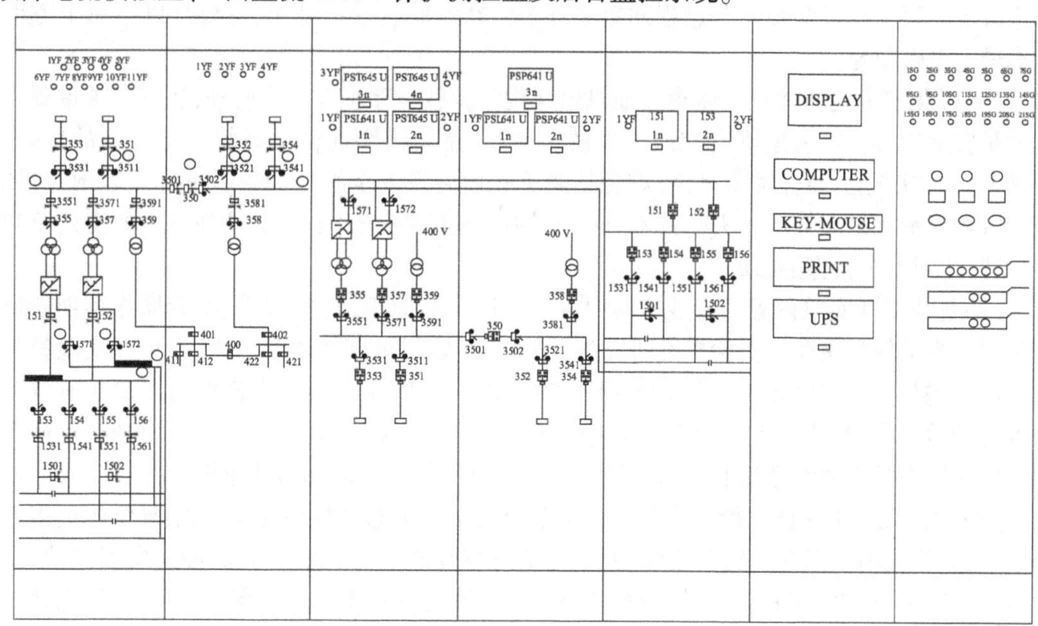

图 4　城市轨道交通供电系统结构

(4)城市轨道交通供电系统验证实验

实验设计涵盖了以下几个方面的内容:

①故障模拟和分析。包括变压器(整流器)非电量故障;变压器(整流器)内部短路故障;直流馈线近点短路;直流馈线远端短路;牵引网瞬时故障和永久故障。

②保护功能验证。包括整流变压器过流保护、过负荷保护、本体保护;进线纵差保护、速断保护、过流保护、失压保护;直流馈线速断保护、电流增量保护。

③自动功能验证。包括 35kV 进线失压母联自投;DC1500V 馈线自动重合闸。

④控制功能验证。包括进线断路器、变压器、馈线断路器当地及遥控操作;进线隔离开关、馈线隔离开关当地及遥控操作;保护压板投退;保护定值区切换;重合闸投退;母联备用电源自投投退。

⑤信号功能验证。包括开关位置信号;保护动作信号;操作事项信号;自检信号。

3.2 教学模式

实验教学的方法与手段直接影响到教学质量、学生的兴趣和学习效果。在实验教学中,应根据现有的条件,采取稳步推进,先易后难,系统训练、持续推进的方式。通过实训、模拟故障实验和分析、实际线路检测等多种实验形式相结合,努力提高实验效果。指导教师通过集中讲解、分组引导、组间提问和答疑,现场指导、实验成果汇报、实验答辩、总结点评以及启发学生参与讨论等方式,帮助学生梳理所学理论与实验的关系,领会每个实验的设计思想和目的,起到融会贯通、举一反三的教学效果。

4 融入思政教育的策略

在实验教学中融入思政教育是落实教育立德树人根本任务的必然趋势和要求,是实现思想政治教育工作贯穿育人全过程的重要环节。在实验教学设计中,主要从以下三个方面考虑融入思政教育。

(1)强化安全使命教育。轨道交通供电课程实验教学除了专业实验外,还有一项重要内容就是安全教育。安全是轨道交通工作的生命线,是轨道交通供电系统安全运行的保障。在供电安全教育上,结合实际案例,难免枯燥乏味而导致安全教育的效果不佳。以图片、视频或者典型案例说明等形式进行技术分析和讲解,提高学生安全意识,增强学生的责任感和使命感,达到安全教育的目的。

(2)优化专业实验内容。专业实验内容主要以实验原理、实验步骤、实验操作和创新研究为主。为了使学生通过实验提升研究学习的兴趣,取得更好的教学效果,在专业实验教学上增加一些与实验内容相关的科研案例和科研知识点,以相关科研案例中轨道交通科技工作者的勤学奋斗、刻苦钻研精神为楷模来提高学生的思想觉悟,通过挖掘中国科技产业代表性案例来增强学生的专业信心,增强学生的历史责任感、使命感和奋斗意识。

(3)融入社会主义核心价值观教育。结合轨道交通供电系统相关实验,引导学生更多地去了解、关注我国轨道交通建设事业现状、专业发展动态、行业战略布局、经济发展现状、国家政策引导及"一带一路"推进情况等,让学生从国家、社会、个人三个层面感受、理解党和政府的决策,这些决策是与推进国家发展和科技进步紧密联系的,以此激发学生的爱国情怀和责任担当,使其自觉地投入中国梦的实践建设中。

5 实验成绩考核

相关课程不以考试成绩作为唯一的考核标准,将实验成绩作为课程总评成绩的重要组成部分。考核内容除了接受新知识、动手实践和创新等综合能力外,还需包括思政心得、体会和总结、报告演讲和模拟答辩。根据实验内容安排,实验成绩的考核要点主要包括:

(1)团队合作精神及动手实践的参与度。确保在一个小组里每个人都可以独立完成实验,建立合理的评估标准。评价标准包括学习态度、分析问题能力、解决问题能力、创新能力以及实验成果展示。

(2)实验报告文档分别从撰写的规范程度、内容翔实程度和文字表达熟练程度、分析问题的深度以及逻辑结构合理性等角度进行综合评价。

(3)针对综合性、设计性实验,除了完成实验报告,还需要进行实验成果汇报和答辩。每组选出代表进行汇报和答辩,以此督促所有学生都参与,促进学生间的交流。从报告内容的逻辑性、PPT 时长适宜性、答辩准确性等角度进行评价。

(4)学生在实验报告后附上实验总结和心得体会,除了阐述专业技术方面的收获以外,还应包括思想水平、政治觉悟、道德品质和文化素养等方面的心得体会。

6 结语

面向轨道交通供电专业的学科特色,把轨道交通供电类课程实验设计成由易到难,环环相扣的系列综合实验。通过形式多样的实验教学模式,结合多方面考核评价,激发学生积极参与实验、重视实验,与理论教学基础紧密结合,提高学生工程实践和实验动手能力。同时,将思政教育融入实验教学,对实验教学进行大胆的尝试和创新,丰富和发展新时期下轨道交通供电专业实验课程教学的内涵,对于促进轨道交通供电专业人才培养,提升学生专业和思想政治素质都有着积极的作用。

参 考 文 献

[1] 曹振丰,陆斌.城市轨道交通变电所综合实训系统设计[J].装备制造技术,2018(5):125-128.

[2] 李亚宁,赵峰.城市轨道交通供电系统　课程考试考核新模式构建[J].科技信息,2011(5):195-106.

[3] 郑树彬,户国.城市轨道交通类课程融入思政元素的教学探讨[J].教育教学轮胎,2020(2):36-37.

[4] 罗想.城市轨道交通运营管理专业实践教学标准化探讨[J].物流科技,2020(3):154-155.

[5] 耿子康.基于信息化教学的“城市轨道交通供电”课程实践——以倒闸操作为例[J].无线互联科技,2020(3):106-107.

[6] 柴段鲲.城市轨道交通直流供电系统故障建模与保护仿真系统开发[D].北京:北京交通大学,2017.

[7] 屈志坚.铁路行业院校轨道电气类特色专业培养模式研究[J].教育教学论坛,2016(9):181-182.

[8] 刘成娟.大思政视域下轨道交通类课程教学改革探索[J].机电技术,2015(2):109-113.

[9] 石庆升,鲁可.学习金字塔理论在“城市轨道交通概论”小班教学中的应用[J].实验技术与管理,2015(5):225-226.

[10] 郭尚辉.上海城市轨道交通供电仿真实训系统开发[J].科技创新导报,2015(11):24-25.

“国际物流管理”课程思政的思政元素研究和三维构建

杨　晟

（同济大学　交通运输工程学院，上海，201804）

摘　要　“国际物流管理”是同济大学交通运输工程学院物流工程专业的重要专业课程，将思政元素融入专业课程教学中，是实现立德树人的重要途径。本文剖析了“国际物流管理”课程思政的内涵，立体化挖掘了“国际物流管理”专业课程的传统文化自信、科学精神、创新奉献、家国情怀、社会责任和专业素养等思政元素，从价值引领、过程建设以及支撑体系三维来构建课程思政的框架结构，提高教师课程思政水平，发挥专业课程的育人功能。

关键词　专业课程；课程思政；三维构建

1　引言

2016年12月，中共中央总书记习近平在全国高校思想政治工作会议上指出，如何用好课堂教学这个主渠道、各科守好“一段渠”、种好“责任田”值得深思，各门课程与思想政治理论课同向同行，形成协同效应。2017年5月，“课程思政”被纳入中央《关于深化教育体制机制改革的意见》，从地方实践探索转化为国家战略部署。通过“课程思政”进行教育改革，将思政元素融入专业课程教学中，是实现立德树人的重要途径。“国际物流管理”是同济大学交通运输工程学院物流工程专业具有专业特色的一门课程。课程的涵盖面广、内容丰富、实践性强、知识更新快，具有很强理论性和实务性。如何将深入挖掘“国际物流管理”的思政元素，构建课程思政的框架结构对于培养具有专业素养和国际视野的卓越工程师具有重要意义。

2　课程思政的内涵

高校如何落实三全育人，将课程思政融入专业课程教学过程是高校从“思政课程”向“课程思政”演进过程中的关键。“课程思政”是在马克思主义基本立场观点方法的指导下，充分挖掘提炼蕴含在专业课程中的思政元素，将专业教育和思政教育在知识传授、能力培养与价值引领贯穿并渗透于专业课程教育教学活动的全过程，实现专业课程在思政教育领域的润物细无声，助力学生综合能力的全面发展。具体到“国际物流管理”专业课程，就是要将马克思主义理论贯穿于整个教学活动中，将社会主义核心价值观培育和塑造融入学生对国际物流过程及相关信息进行的计划、组织、协调与控制的活动中，培养具有国际视野和专业素质的卓越物流工程师。

3 课程思政元素的挖掘

"国际物流管理"专业课程思政元素的挖掘,需要将社会主义核心价值观与专业课程无缝对接,找准课程内容中思想政治教育的切入点和深度,与教学内容有机结合。通过对课程内容的梳理、相关专业人士的实地调研和岗位工作过程分析,挖掘出该课程的思政元素主要包括传统文化自信、科学精神、创新奉献、家国情怀、社会责任和专业素养等,可以纵观古今,横看中外,科学、客观、全方位来理解和把握思政元素。"国际物流管理"专业课程的思政元素具体见表1。

"国际物流管理"课程思政元素设计 表1

章节	专业授课内容	思政元素	具体内容
1	国际物流概论	文化自信	了解丝绸之路的历史和发展,探讨丝绸之路的意义和价值
2	国际贸易相关知识	诚信意识和契约精神,爱国情怀	遵守国际贸易术语和规则以及贸易流程,自觉维护国家利益
3、4	进出口通关	遵纪守法	在进行报检和报关的过程中,必须要按照单据填制规范填写报检单和报关单,不弄虚作假,虚报、瞒报货物
5	国际海上货物运输	中国自信,团队协作精神	了解中国造船术的发展,探讨郑和下西洋的历史事件和影响,以小组协作形式完成集装箱进出口实验操作
6	国际铁路货物运输	弘扬国家实力、开拓国际视野	"一带一路"倡议背景下中欧班列的开行研究
7	国际航空货物运输	专业素养和中国自信	同济大学校友参与北京大兴国际机场、成都天府国际机场的建设
8	国际集装箱多式联运	使命感和责任感	同济精神在港珠澳大桥的建设中的体现以及大桥建成对国际多式联运的影响,国际多式联运路线和方案设计

"国际物流管理"专业课程思政元素的挖掘,可以来自中国传统的文化,也可以来自社会热点问题和身边的优秀校友。如在丝绸之路的讲解中,让学生感受中国传统文化和优秀历史,激发学生的文化自信,自然引出"一带一路"倡议,引导学生将个人的发展和国家的发展联系起来。在组织学生讨论港珠澳大桥建成对国际多式联运的影响时,通过介绍同济精神和朱永灵等校友的杰出事迹,教导学生要有奉献精神和牺牲精神、包容精神和团队精神、敬业精神和工匠精神,增强他们的使命感和责任感。

4 专业课程思政的三维构建

(1)加强顶层设计,实现课程思政的价值引领

推进课程思政建设是高校三全育人的必然要求,通过专业思政课程建设,探索"知识传

授与价值引领相结合”的有效路径。推进“课程思政”改革,通过“基因式”将价值观培育和塑造融入所有课程,将思政教育贯穿于学校教育教学全过程,将教书育人的内涵落实在课堂教学主渠道,让所有课程都具有“思政味道”、都突出育人价值,让立德树人“润物无声”。“国际物流管理”专业课程的顶层设计,需要遵循实事求是、创新思维、突出重点、注重实效的基本原则,由学校或学院统一策划组织,深入发掘专业课程的思想政治教育资源,从理论研究、交通运输专业思政、思政教材建设、思政队伍建设等方面全面推进从“思政课程”到“课程思政”的演变,打造以课程思政为引领的卓越物流工程师人才培养特色的专业课程。

(2)丰富思政内容,推进课程思政的过程建设

课程思政要求专业课程教师在专业知识讲授过程中,既要满足专业知识的讲授需求,也要重视思政内涵的传播,是一项系统工程。课程思政在培养目标、教学形式和课程考核等方面都需要有系统规划和过程建设。“国际物流管理”的课程培养目标要融入对社会主义核心价值观教育以及品德教育的要求,主要培养学生的爱国精神、专业认同感、责任心和专业素养,提高学生自主学习和团队合作能力。教学形式可以采取案例教学、视频教学及 MOOC 教学、多媒体教学、任务驱动、集装箱进出口实验教学、团队协作等方式进行授课。课程考核可以纳入出勤和小组讨论的考核,这些内容也是课程思政的目标和效果之一,加强学生在学习态度、责任心方面的素质提升。

(3)提供制度保障,构建课程思政的支撑体系

建立课程思政指导小组,对教师进行相关教研培训和讨论,全面提升教师课程思政的意识与能力,使专业课与思想政治教育自然融合、高度契合;加大对课程思政环节必要的财政投入,设立课程思政教改课题;加强教材的支撑,将课程思政元素融入教材;强化校外的基地实践和实训,使海关、物流公司等校外基地真正成为课程思政的支撑和摇篮;鼓励学生参加相关科研和交通科技大赛,将思政元素带入科研和创新思维中。

参考文献

[1] 习近平. 把思想政治工作贯穿教育教学全过程开创我国高等教育事业发展新局面[N]. 人民日报,2016-12-09.

[2] 杨霞芳. 国际物流管理[M]. 上海:同济大学出版社,2015.

[3] 虞丽娟. 从“思政课程”走向“课程思政”[N]. 光明日报,2017-7-20.

[4] 孙燕华. 创新教学管理 推动高校课程思政改革与探索[J]. 中国大学教学,2019(05):55-59.

"运输组织学"课程多模式教学体系研究

李云清
(同济大学　交通运输工程学院　运输管理工程系,上海,201418)

摘　要　"运输组织学"课程是物流工程专业的专业课程之一,具有很强的理论性和实践性。本文依照课程特点,以强化学生基本技能,培养学生创造能力和解决实际问题的能力为目标,在构筑科学合理的课程结构体系的基础上,设计了多模式教学方法体系。

关键词　运输组织学;课程;教学方法

1　引言

"运输组织学"课程是物流工程专业的专业课程,内容丰富,涉及面广,注重知识的传授及运用,强调学生能力培养。运输是物流的核心功能之一,运输组织是对运输资源进行科学、经济、合理配置和利用的理论和技术。交通运输是由铁路、水路、公路、航空、管道等多种现代运输方式联合构成的系统,不同运输方式具有不同的运输组织方法和技术。随着物流的发展,很多高校设置了相关物流专业,为了满足对物流专业学生进行综合运输组织能力的培养,"运输组织学"将各种运输方式的运输组织的核心知识融入了该课程中,力求培养具有系统化思想、全面掌握各种运输方式的运输组织技术和方法,能够将各种运输方式结合起来的实践型人才。同时,随着运输需求的变化、载运工具和运输网络的飞速发展,各种运输组织方式也发生了很大变化,新技术、新方法不断融入运输组织方式中。因此,"运输组织学"课程涉及面广,内容丰富,这就要求该课程要根据对学生的培养目标、专业设置特色等对课程内容进行合理选择,形成科学合理的课程结构体系,使学生能够通过对本课程的学习,获得完整的知识结构,以满足各届毕业生将来的从业要求。在教学组织方面,也亟须对传统的教学模式进行改革,在教学过程中,根据不同的教学内容和教学目标,使用不同教学形式和方法,形成多模式教学方法体系,用以激发和培养学生的学习兴趣,培养学生科学的思维方式。

2　构筑模块化的课程结构体系

交通运输是由铁路、水路、公路、航空、管道等多种现代运输方式组成的综合交通运输体系,"运输组织学"是物流工程专业的专业课程,本课程以货运系统为研究对象,全面讲授各种运输方式货物运输组织工作中的理论与技术方法,培养学生对一个完整运输过程中运输组织的把控能力和协调运输组织过程中各环节的基本能力,从系统整体优化的角度进行运输组织方案设计。

模块化思想在20世纪50年代起源于工业制造业，随着模块化方法的发展，这种新方法也逐渐地运用到了教学内容改革中，即通过对课程内容的模块化划分，使课程的教学内容既能保持知识结构的完整性，又能为课程开展多模式教学方法奠定基础。

“运输组织学”课程内容比较丰富和复杂，具有概念多、理论性强、模型多、方法多、实用性和可操作性强的特点，要求学生不仅能够掌握基础理论方法，还应该具备将各种理论方法正确、灵活地应用于解决实际问题的能力。因此，需要根据学习内容的性质和学习目标，将教学内容进行模块化设计，构成完整的课程知识框架体系，使学生能够通过对各模块的学习，逐级掌握不同的知识和能力，以便形成完整的知识结构和知识层面。根据“运输组织学”课程内容的特点和教学大纲制订的学习目标，将课程划分为专业基础知识模块、实践应用模块、创新综合模块（表1）。

《运输组织学》课程体系

表1

模　　块	主要内容	要　　求	目　　标
专业基础知识	运输组织的概念、运输组织系统的构成、运输组织的工作程序、货流分析、运输组织效果及综合评价等	掌握基本概念、原理、方法	专业基础能力
实践应用	铁路、公路、水运和航空等运输方式的货物运输组织（货源组织与管理、货运生产组织与管理等）	掌握方法，并能解决实际问题	专业应用能力
创新综合	综合运输组织（集装箱货流组织形式、多式联运方案设计）	综合运用能力	创新能力

（1）专业基础知识模块

专业基础知识模块主要讲授运输组织相关问题的界定与分析和相关基本方法，包括运输组织的概念、运输组织系统的构成、运输组织的工作程序、货流分析方法、运输组织效果及综合评价方法等。

（2）实践应用模块

实践应用模块是以提升学生“专业运用能力”为目标设置的模块，该模块将四种运输方式的运输组织问题以“专题”式形式呈现。主要包括四个专题，即铁路运输组织专题、公路运输组织专题、水路运输组织专题和航空运输组织专题。每个专题包括两部分内容，即货源组织与管理、货运生产组织与管理。每部分内容从方法入手，结合算例或案例进行教学，起到将方法和实例（算例、案例）紧密结合起来的作用，帮助学生灵活地把相关方法运用到实际中去，有利于培养学生的实践应用能力。

（3）创新综合模块

创新综合模块是以提升学生“创新创业能力”为目标设置的模块，该模块以“多式联运方案设计”项目形式呈现。结合集装箱货流组织形式进行多式联运方案设计。通过“项目”将实践应用模块和专业基础知识模块有机结合，帮助学生在“项目”研究制作过程中，能够切身体验、独立思考、分析和解决相关问题，培养和触发学生的创新能力。

3 构筑多模式教学方法体系

本课程教学改革旨在促使学生掌握运输组织的基本理论知识,加强学生的基本技能,培养学生创造能力和解决实际问题的能力。因此,在讲授这门课程中,需要根据学生的学习能力、学习需求、课程内容特点和培养目标等,将各种教学方法与手段有机地结合起来,构筑多模式教学方法体系,以培养出具有超强实践能力的"运输组织"人才。

(1)理论讲授教学模式

理论讲授是"运输组织学"课程的一种重要模式,在对一些理论和方法进行讲授时,需要将讲解与提问、解释与启发、直接与辨析等方法有效的结合,使学生直接接受"直接灌输"转移到有学生主动"思考接受",最大限度地培养学生的认知能力和创造性思维。

(2)案例分析教学模式

案例分析教学模式能使学生在对实际问题的研究中理解方法,学会并掌握应用,从而达到了培养学生应用能力的目的。这些案例可以是学生在实习中遇到的实际问题,也可以是教师与企业合作的一些研究问题。在铁路运输组织专题、公路运输组织专题、水路运输组织专题和航空运输组织专题四个专题中,在理论讲授的基础上融入案例分析。例如,在教授有关运输方式、运输组织方法时可以结合相关运输企业的实际运用案例进行分析,从而使学生能够更好地理解掌握相关方法,并能够提高学生分析问题、解决实际问题的能力。

(3)问题驱动教学模式

问题驱动教学是以提出问题、分析问题和解决问题为主线进行的教学过程。首先围绕教学目标和教学内容的知识点设计出相关问题,然后以学生为主导,引导学生对问题进行分析,使学生与学生、学生与老师间进行讨论、交流互动,并在分析中找出解决问题的办法。问题驱动教学模式能够提高学生课堂学习的积极性和主动性,激起学生主动思考问题的意识,激发学生求知欲和探索欲。在三个模块的讲学过程中,都将设计相关问题提前布置给学生,使学生能够做到课前预先独立思考,课上能够通过听讲老师的分析、老师和同学间的交流讨论等对比学习接受知识,以提高学生的学习效率,拓展学生的思维。

(4)任务驱动

任务驱动是一种以任务为导向的教学模式,意在强化教师在课堂学习中的引导作用和学生的主体地位。在教学过程中由教师引导学生,使其充分发挥主体作用,更侧重于学生应用能力的培养,通过完成各项"任务",学会运用相关知识解决具体问题,从而实现教学目标。首先根据教学内容、教学目标设计任务,然后让学生通过不同的方式完成任务,通过完成任务的过程,实现知识点的掌握。如让学生扮演老师讲课,学生在备课收集资料的过程中学习和掌握相关知识。

(5)MOOC 教学模式

由于"运输组织学"课程内容多,涉及面广,在有限学时的制约下,一些知识点不能精讲细讲,从而影响学生对学习内容的理解和吸收,因此,建立相应的 MOOC 课来支持学生对某些教学内容的反复听讲学习。另外,交通运输是由铁路、水路、公路、航空、管道等多种现代运输方式联合构成的系统,不同运输方式具有不同的运输组织方法和技术,形成了"公路运输组织”“铁路运输组织”“航空运输组织”“水路运输组织”等课程，物流工程专业的学生不可能通过“运输组织学”课程，全面深入掌握各种运输组织方式方法，因此为满足不同层次学生对拓展各种运输方式的运输组织知识的学习需求，建立 MOOC 课实现学生的自主在线学习。

4 结语

以努力提升学生“专业运用能力”及“创新创业能力”为目标，对物流工程专业“运输组织学”课程进行了模块化教学内容体系设计，在此基础上，以提高教学效果为目标，构筑了理论讲授、案例分析、问题驱动、任务驱动、MOOC 课等多模式教学方法体系。多模式教学方法克服了单一教学方法的不足，优化整合了多种教学手段，使其在教学过程中能够根据教学内容的特点选择合适的教学方法，以提高教学效果。课程的教学改革是一项长期而艰巨的基础工作，它需要在具体的教学过程中不断进行验证、调整、更新和进一步深化，以实现课程教学的逐步完善。

参考文献

[1] 康学勤，孙智，任耀剑. 工科高校课程多模式教学的构建与实施[J]. 新课程研究，2015(5)：21-22.

[2] 武慧，荣裴，玉龙，等. 基于成果导向教育的运输组织学有效教学设计[J]. 中国冶金教育，2019(6)：23-26.

[3] 罗端高，薛行健，谢美全. 行动导向教学在《交通运输组织学》课程中的应用[J]. 教育教学论坛，2018(6)：169-170.

面向卓越工程师培养的铁路建筑材料教学改革研究

徐前卫

（同济大学　交通运输工程学院，上海，200092）

摘　要　铁路建筑材料是交通土建学科的核心专业课程，其理论性和实践性均很强，所涵盖的知识面广且深，在各专业课程的设置上具有承上启下的作用。为满足新时期铁路工程建设创新型工程技术人才培养的迫切需要，本文以培养"卓越工程师"为导向，从课程教学特点及存在的问题出发，对建筑材料课程的教学模式、教学方法等问题进行探讨，以期进一步提高教学质量与效果。

关键词　交通工程；教学改革；教学模式；教学方法

1　引言

当前，"一带一路"、京津冀协同发展、长江经济带这三大国家战略的实施，给铁路交通的发展带来了新的机遇。铁路交通工程的大发展，人才是关键，即不仅要具有必要的基础理论，而且还要具备较强的实践动手能力和从事生产、建设、服务、管理于一体的高素质专门性技能。有鉴于此，进入21世纪以来，我国已经把培养创新型人才作为教育的重点目标。"卓越工程师教育培养计划"便是教育部为各行业培养高质量创新性工程技术人才的国家级战略计划。该计划的实施为"建筑材料"教学改革提供了契机。

同济大学交通运输工程专业是教育部指定的第一批卓越计划的试点专业。"建筑材料"是研究建筑工程材料的成分、组织结构、加工过程与其工程性能之间关系的课程，是交通运输工程专业轨道交通方向必修的专业基础课之一，由理论和实验两部分组成。建筑材料不仅涉及的知识点广泛，而且涉及的材料种类也较多，如结构材料、功能材料、辅助材料等，其工程实践特征也明显。课程教学的目的是使专业学生掌握建筑工程材料的组成、构造、材料的力学与功能性能，以及必要的应用和性能检测技能，以便为后续专业课学习提供基础知识，并在今后的工程实践中科学合理地使用工程材料。因此，如果继续沿用传统的单纯课程教学，对发展技能、培养能力等方面的作用有限，不能完全适应新形势下学生全面发展的需要。鉴于此，部分学者从教学模式、教学方法和教学手段等方面对工程材料的教学改革进行了研究，力图在提高"建筑材料"课堂教学质量的同时，培养学生的专业素质以及工程实践和创新能力。这些研究大大促进了隧道工程教学的改革，但是从实际教学效果来看，还有继续提升的空间。"卓越工程师教育培养计划"注重学生对专业工程背景的认知，注重对学生工程实践能力的培养。有鉴于此，本文按照同济大学交通运输工程专业轨道交通方向培养计划的总体要求,对现有课程内容、教学方法和手段以及实验内容进行相应的改进和完善,以适应本专业对卓越工程师人才培养的需求。

2 “建筑材料”教学现状分析

首先,课程教学受众广,涉及专业多。同济大学传统的“建筑材料”是面向土木、材料、交通等多个专业班级开设的课程,如采用同一本教材和同一种教学方案,有显而易见的弊端。出于对培养未来铁道工程卓越工程师的需要,本课程的教学内容和教学实践都应与铁路工程建设相结合,但目前沿用的教材还是基于土木工程材料或者道路工程材料的教学需求而编写的,没能体现出铁路工程的特色。

其次,课程涵盖的知识面广,教学内容庞杂。课程教学涉及的工程材料包括砂石、石灰、石膏、水泥、混凝土、钢材、木材、沥青和高分子材料等,各种材料间既相互独立、缺少联系,又可能会在建筑过程中有所体现,这就要求学生既要全面掌握各种材料的性质和用途,又要能灵活地将其应用于工程实践。但由于学生在校期间大多甚少接触到这些材料,感性认识不足,真正掌握这些知识往往并不容易。

再者,传统的教学模式是以教师为中心、教室为平台、教材为依据的“填鸭式”教学,把学生当作接受知识的工具,忽略了学生的主体地位,其结果就是本课程的实践性、探索性被教师和学生共同忽略,削弱了学生的学习积极性和主动性,进而导致教师与学生之间缺乏交流沟通,产生教与学的严重对立。

另外,受当前考核体系的影响,学校对教师和学生的评价大都以成绩为标准,这种应试教育环境下的评价指标和体系,导致学生和教师往往只重视考试结果,而忽略学生自身思维方式和职业技能的培养。

最后,“建筑材料”课程教学学时数少,且重理论轻实践。在本课程34学时的教学中,课堂教学占了28学时,试验教学仅6个学时,且开出的课程实验项目中,基本都是验证性实验,所验证的材料主要包括骨料、水泥、混凝土等内容,木材、沥青及一些高分子材料等在课程实验室较为少见。不仅如此,创新性和应用性实验甚少,甚至没有,忽视了实际操作技能,不仅无法调动学生学习的积极性,而且也不能满足“卓越工程师教育培养计划”的要求。

3 教学改革探索与实践

3.1 依托学科特色优选教材及教学内容

同济大学是交通运输工程学科是国家一级重点学科、上海市高峰学科,并已纳入一流学科建设计划。道路与铁道工程是交通运输工程学科的一个重要组成部分,在历经数十年的发展后,目前已形成四大主干方向:轨道交通线路设计与规划、轨道结构与养护管理、轨道交通结构工程、轨道交通线路动力学。因此,建筑材料课程的教材选用和授课内容需要针对本专业的人才培养模式和特色来进行。鉴于目前尚未有专门针对铁路建筑材料的教材,故教师在教学过程绝不能照本宣科,而是应凝练不同教材的观点,重新构建符合铁道工程专业的教学内容,即在夯实建筑材料基础知识的同时,一定要突出铁道工程学科自身特色和优势。例如,在讲解建筑钢材时,需要特别介绍铁路桥梁和轨道专用钢材的生产、工艺、性能以及使用情况。

3.2 多措并举优化课堂教学

(1)主次分明突出重点

铁路建筑材料课堂教学只安排了28学时,要在有限的时间内把涉及的工程材料展现给学生,必须要在课前梳理好教学内容,明确教学重点,授课时做到主次分明。由于学生毕业后较多的是从事路基、桥梁和隧道等铁道工程的建设,因此对土木工程材料的基本性质以及砂石、水泥、混凝土、砂浆、钢材、木材和沥青等铁道工程常用材料在授课时要重点讲解,而对砌体材料、气硬性胶凝材料及高分子材料等铁道工程非常用材料的章节内容,在课堂教学时只对其主要性能和使用要求进行讲述,而对其生产工艺和性能检测等内容让学生先在课后自学教材,然后教师在课堂上集中解决学生遇到的问题,最后通过做章节练习的形式对学生学习效果进行检查。采取这种主次有别的授课方式,不仅节约了课时,也锻炼了学生的自我学习能力。

(2)多手段多模式课堂教学

单一的"以教定学"和"因教材施教"的教学模式不仅对未来卓越工程师能力培养非常有限,而且这种宣教式的教学也削弱了学生探索知识的主观能动性,因此"建筑材料"课程教学模式急需向多元化方向发展。在具体的教学手段上,可以采取"研究性教学法""问题式教学法""讨论式教学法"和"案例引导式教学法"等,充分调动学生的学习积极性,达到良好的教学效果。具体到某个知识点,可根据具体情况选择适合这个知识点的教学方法。

①研究性教学模式

在实际教学过程中,教师可结合具体的科研活动在课堂上提出具有前沿性的科学问题,例如氯离子腐蚀条件下混凝土材料的强度劣化机理,激发学生的好奇心与求知欲,使其在课后自行查阅资料、总结整理其最新成果,并制作PPT在课堂上进行汇报交流,让学生在探索过程中体验学习的乐趣。

②问题式教学模式

在讲解材料的基本特性时,可以在课堂上不断地创设问题情境,把相关的理论知识串起来,通过一系列的设疑、激疑的方式完成教学,驱动学生不断地思考,使得课堂教学不再单调。

③讨论式教学模式

在课堂教学过程中,布置一些任务让学生分小组讨论,如针对桥面混凝土的碱集料反应问题,让不同组的学生分别提供一个各自的预防方案,然后各组之间展开辩论,分析各自的优缺点。这样既能加深学生对问题的理解能力,又能最大限度地调动其学习积极性和参与意识。

④案例引导式教学模式

在砂石材料讲解前,通过具体的路基工程实例,向学生介绍如何进行砂石材料的选购以及进行颗粒级配调整,引导学生进入学习状态,激发学习的自觉性,并达到学以致用的效果。

(3)新媒体充实教学资源

传统的板书和图片展示,难以让学生真正理解建筑材料的生产工艺和使用方法。为解决这一问题,教育要做到与时俱进,在教学过程中应充分利用现代网络资源和多媒体技术,充实积累教学资源。在课堂教学时,综合使用板书、PPT 课件、动画和视频,让课堂变得生动起来,让学生多感官感知知识,便于其理解和掌握,使原本枯燥、平面的教学变得生动、立体起来,不仅能激发学生听课的兴趣,而且还可以提高教学效果。

3.3 延伸式课后作业

课后作业不仅是老师与学生之间互动的延续,更是对课堂所学知识的巩固和检验。一方面,老师通过作业了解学生对知识的掌握程度和教学效果,另一方面,可在作业的基础上进行更深层次的拓展和延伸。在留置作业时,要摒弃那种可从教材上直接找到答案的习题,应根据每一章的教学内容,设置一些没有标准答案的开放式题目。例如,让学生就近找一个在建的建筑工地,研究该建筑物不同部位建筑材料的使用情况,并对各建筑材料与对应的建筑结构的空间构造和使用功能之间的关系进行分析。

3.4 启发式实验教学

“建筑材料”是一门实践性很强的课程,内容多而学时有限,本课程仅仅只安排了 6 学时的实验教学。基于对培养未来铁路“卓越工程师”的考量,在有限的实验教学中,既要注重对学生进行严谨规范的实验操作基本技能培训,更要以工程素质为基础,为此采用启发式实验教学方式,以学生自身为主体进行实验实训。例如,在混凝土配合比实验中,教师可以结合学生实际能力和学识水平,让学生分组并自行设计多种实验方案,并确定实验的重点和难点;之后以学生为主体,分组开展实验操作等步骤,提高学生综合运用知识及团队协作的能力。

4 结语

“建筑材料”是交通运输专业铁道工程方向的一门学科基础课程。本文根据同济大学卓越计划试点专业——交通运输专业培养计划的指导思想和培养目标,对原来面向多个专业的建筑材料课程进行了有针对性的建设,更新了教学内容,更加注重实践性和知识的应用性;积极创新教学方法,更新实验内容,突出了专业特色,培养学生理论联系实际、分析问题和解决问题的能力,从而适应新形势下对铁道工程卓越工程师知识和技能培养的需要。

参 考 文 献

[1] 中华人民共和国教育部. 教育部关于实施卓越工程师教育培养计划的若干意见(教高〔2011〕1 号) [DB/OL]. [2011-02-11] http://www. moe. gov. cn/publicfiles/business/htmlfiles/moe/s5179/201102/115066. html.

[2] 林文松,刘延辉,何亮.“卓越工程师培养计划”下的工程材料课程建设[J]. 大学教育,2013(3):139-140.

[3] 张圣菊,王新刚,曾文杰,等.基于“卓越工程师”培养的土木工程材料网络数字化教学平台构建[J].2012(20):93-94.
[4] 刘颖,相斌辉,赵江倩.以“卓越工程师”为导向的《土木工程材料》网络教学平台构建[J].2015(10):174-176.
[5] 温小栋,车金如,殷顺湖,等.卓越计划背景下土木工程材料实验教学改革[J].宁波工程学院学报,2014,26(4):92-95.
[6] 李之锋,王春香,蒋鸿辉,等.“卓越计划”背景下材料化学课程教学改革初探[J].大学教育,2016(2):113-114.

OBE 教育理念下的“物流中心规划与设计”课程建设

朱 晔

(同济大学 交通运输工程学院,上海,201804)

摘 要 “物流中心规划与设计”是物流工程专业的专业核心课程,本文以 OBE(outcome-based education)教育理念为核心,以产出为导向明确课程定位和培养目标,在此基础上从教学内容设计、成绩评定设计和教学方法等方面,提出了 OBE 理念下的“物流中心规划与设计”课程建设的思路。课程建设注重课程的反向设计、学生主体、能力本位和个性化评定。在教学内容设计上强调知识单元化和突出专业特色,在成绩评定中注重过程评定和个性化评定,在教学方法上综合理论结合实践、案例分析和互动环节的设计,以达成“物流中心规划与设计”的教学目标。

关键词 OBE;物流中心规划与设计;课程建设

1 引言

物流业是支撑国民经济发展的基础性、战略性、先导性产业,物流高质量发展是经济高质量发展的重要组成部分,也是推动经济高质量发展不可或缺的重要力量。物流中心是从事物流活动的场所或组织,是进行物流活动的重要基础设施,为现代物流提供了承载平台,对于有效整合资源,实现物流资源的优化配置具有重要作用。近年来,国家大力推动物流枢纽等物流基础设施的建设,对于物流的重视程度急剧提升,物流中心的发展也将进入一个新阶段,科学规划和设计物流中心能够有效提高物流运作效率,提升物流服务水平。

2 OBE 理念下的课程教学设计

OBE(outcome-based education)教育理念是一种基于产出导向的教育理念,是目前工程教育认证标准的核心理念之一,1981 年美国学者 Spady 撰写的《基于产出的教育模式:争议与答案》一书中首先提出这一概念。OBE 教育理念强调“教育是一种能力培养、能力训练”的过程,其核心内涵是反向设计、学生主体、能力本位、个性化评定和强调结果。OBE 工程教育模式更加重视和明确工科毕业生的品质,围绕预期学习成果开展教学活动,进行闭环教育。“物流中心规划与设计”课程作为物流工程专业的专业核心课程,以工程教育理念为指引进行合理建设,有利于达到培养适应行业发展的卓越工程人才的目标。

美国学者理查德提出的基于 OBE 教育模式的课程设计模型包含培养目标、教学和成绩评定三大要素，如图 1 所示模型各要素以学生为中心，通过多种途径综合达成。

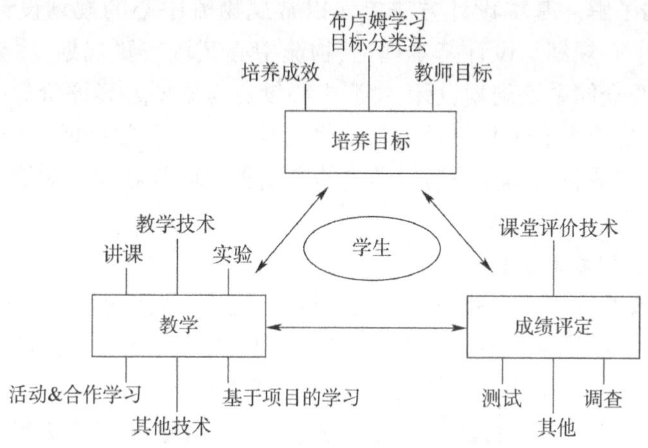

图 1　基于 OBE 教育模式的课程设计模型

2.1　课程定位和人才培养目标

为适应物流行业发展需要，加强物流工程专业学生的规划设计能力，结合同济大学物流工程专业的培养目标，遵循“思行合一、交融成艺”的教育理念，“物流中心规划与设计”课程的基本目标是重点突出对学生规划、设计能力的学习与训练，培养学生对物流中心规划与设计的基本设计流程的把握能力与实际操作能力，能够评估和选择完成工程任务所需的方法和技术，从系统整体优化的角度进行物流中心规划设计。

根据“物流中心规划与设计”课程在物流工程专业中的定位和作用，课程的教学目标为掌握物流中心规划与设计相关基础知识，掌握物流中心布局及配套设施设计的方法，达成如下指标：

(1)能够分析复杂物流系统工程问题的关键环节及影响因素，提出综合改善系统、提高服务效能的技术路线。

(2)能评估和选择完成工程任务所需的方法和技术，设计针对复杂物流系统工程问题的解决方案，并用图纸和设计报告等形式呈现设计成果。

(3)能够使用技术语言进行沟通与表达，能够按照技术标准或规范编制工程文档。

2.2　教学内容设计

(1)教学内容注重知识的单元化及有机衔接

随着物流向专业化、智能化的方向发展，物流中心的专业化水平也越来越高，物流中心的类型也越来越多，各种类型物流中心的特点和设计既有相通之处，又有各自不同的特征和要求。在有限的课时内，不可能面面俱到。OBE 理念强调学生通过掌握基本原理和概念知识，强化实践技能训练，提高学生的分析问题能力、解决问题能力和自我评价反思能力。因此，课程教学内容的安排由基础概念单元、基本设计方法单元、拓展设计单元和实践教学单元构成，不仅能使学生掌握扎实的物流中心基本设计理论和方法，还能使学生的知识结构具有延展性。

基础概念单元以物流中心基本知识为核心，让学生对各种类型物流中心的功能、应用场景有一个全景式的了解。基本设计方法单元以常规物流中心的规划设计过程和方法为核心，重点介绍物流中心规划与设计基本理论、物流中心区域布置规划、物流中心基础设施的规划设计、物流中心仓储系统规划设计、物流中心投资与规划方案评价等内容。拓展设计单元以拓展了解专业物流中心规划设计的特殊性为核心，介绍规划和设计某类专业物流中心所需的拓展知识。实践教学单元是通过学生的实践实验环节对理论知识的巩固和教学成效的反馈。

(2)教学内容突出专业特色

当前，国内各大院校所开设的“物流中心规划与设计”课程的教学内容，通常与专业所依托的学科背景相关。物流管理专业更偏重于物流中心或配送中心的运营管理，而物流工程专业更注重物流中心或配送中心的规划、设计的技术技能。

近年来，国家“一带一路”倡议、国家物流枢纽建设、运输结构调整政策等一系列战略措施的出台，都极大提升了铁路运输在物流中的地位，铁路物流中心的发展和建设需求快速增长。结合同济大学物流工程的专业特色和交通运输背景，适应国家发展战略和行业发展方向，在拓展设计单元的教学中，设置铁路物流中心的规划设计内容，使学生的知识结构更具有专业性和独特性。

(3)教学内容融入新规范、新标准、新技术

随着新技术、新标准、新模式的不断出现，物流设施的建设标准和要求也随之发生变化，如铁路物流中心设计规范的发布。在教学内容中，紧跟时代步伐，注重新标准、新规范的应用，以及物流新技术的融入。

2.3 成绩评定设计

OBE 理念要求评估方式多元化，强调理论知识与实践技能并重，注重挖掘学生的潜能和学习积极性。课程通过考勤、平时作业、分组作业和期末考试等进行综合评价。增大过程考核的比重，平时作业对知识点进行细分，主要考核学生对重要知识点的理解能力、案例的分析能力、实验的动手能力，分组作业注重考核学生的协作和创新能力。通过多元的考核形式，使得学生的个性化能力得以充分体现。

3 课程多元教学方法探索

OBE 教育理念要求学生通过具有挑战性的任务，例如开展案例研究、提出项目建议和进行口头报告等，来展示他们的能力。

(1)理论结合实践教学

OBE 教育理念强调理论与实践的结合。实践教学单元体现循序渐进的学习过程，一方面结合专业教学软件，使学生在 1 ~ 2 个课时内完成简单物流中心的快速搭建，增强学生对物流中心布局和功能设计的直观认识。进一步结合完整的课程设计任务，对学生进行具有完备功能的物流中心设计的全过程锻炼。

（2）案例教学

“物流中心规划与设计”是一门应用性很强的课程，专业性强，学习难度大，大量的行业实践案例有助于提升学生的规划设计技能。在教学中可通过多种渠道建立各类物流中心规划布局的案例库。一是公开资源可获得的典型案例；二是依托产学研合作的企业或设计院，由企业或设计院专家为学生进行案例讲解；三是依托产学研合作的企业或设计院，通过调研合作编写形成案例；四是依托各类物流大赛，如全国物流设计大赛等的案例资料，精选有丰富的背景和数据资料的案例作为分析材料。同时也可利用大赛中本校的获奖成果，为同学展示规划设计的需求、难点、思路、方法和成果。

（3）互动教学

OBE 理念强调学生主体和能力本位，在课程的教学中应设计丰富的教学环节，充分发挥学生的学习主动性，提高学生的参与性和学习热情。

①问题引导式互动：一种以教师主导的面向全班的互动形式。在教学中避免完全以标准答案的形式向学生灌输知识，以问题引导学生进行思考可应对学生听课的惰性。特别在案例教学中，问题的设置需有层次，利用问题对案例层层分解，引导学生养成提出问题、分析问题和解决问题的思维习惯。

②分组互动：以任务或问题驱动的小组内互动形式。一个小组通常由 2～4 人组成，小组成员可以是固定的，也可以临时组建。固定小组有助于团队不断成长和考核，但也存在部分小组完全依赖个别能力强的学生完成任务的现象。临时组建小组可以充分锻炼学生与不同成员间建立合作的能力，能够一定程度避免个别学生的依赖性。可以通过临时抽签，或按特定要素如生日月份等进行组建，提高课堂的趣味性，也可进行固定小组的部分互换。以问题驱动的小组讨论每个学生都有发表观点的机会，能促使组内成员间进行深入探讨。以任务驱动的小组活动要求学生分工合作，能锻炼学生的团队协作能力和解决问题的能力。

③展示互动：以任务驱动的由学生主导的互动形式。通过 PPT、画报等多种形式，向其他同学展示成果，并进行提问互动。可以是当前的行业发展前沿动态展示、任务解决方案展示等，能锻炼学生的表达能力和应变能力。教师在展示互动环节需起到促进展示者与听众之间沟通的桥梁作用。

④互评互动：学生间或小组间对所完成任务进行相互评价的互动形式。教师需事先制定明确的评分标准，促使学生仔细聆听和分析其他同学的成果。

4 结语

OBE 基于产出的教育模式能够衡量学生能做什么，而不是学生知道什么，相比传统教育模式更符合工程学科应用型人才培养的目标。“物流中心规划与设计”作为物流专业的核心课程，对学生规划设计能力和创新能力的培养起到重要作用。本文提出的 OBE 理念下的“物流中心规划与设计”课程建设思路，结合了行业对人才的实际要求，从多角度提升对学生能力的培养。设计的教学内容和教学方法需在教学实践中不断反馈和完善。

参 考 文 献

[1] 吴秋凤,李洪侠,沈杨.基于 OBE 视角的高等工程类专业教学改革研究[J].教育探索,2016,(5):97-98.

[2] 王力.面向 OBE 的物流节点设计课程教学环节设计[J].课程教育研究,2018(32):193-194.

[3] Felder,Richard M.,Brent,Rebecca. Designing and teaching courses to satisfy the ABET engineering criteria[J]. Journal of Engineering Education,2003,92(1):7-25.

引入校外资源丰富专业引论课程教学的探索与实践

——以“轨道交通系统引论”为例

朱 炜 范伟莉 叶玉玲

（同济大学 交通运输工程学院，上海，201804）

摘 要 专业引论课程不仅要普及专业知识，为后续专业课程的学习打下基础，还要让学生了解专业发展前沿及态势。本文以同济大学交通运输专业“轨道交通系统引论”课程为例，提出引入校外资源丰富专业引论课程教学，通过校企联合教学、设立专业讲堂、案例分析汇报等方式，将课内知识教学与课外实践学习融合，教学实践取得较好成效。

关键词 专业引论课；交通运输专业；教学探索与实践；校外资源

1 引言

专业引论课程作为专业入门的概论基础课程，需要使学生了解专业的基本概念及知识，为后续各门专业知识的学习打下基础，更要培养学生的学习热情，让学生了解专业发展前沿及态势。传统的课内教学主要是概括性地介绍专业基本知识，使学生对专业体系有一个整体性的认识，往往局限于书本知识。然而，仅仅传授课本理论知识的教学方式既不能激发学生的学习兴趣，也不能紧跟专业发展趋势，无法让学生了解专业实践中对专业能力的要求，不利于培养符合社会需求的专业人才。校外资源（尤其是企业或行业专家）的引入则拓展了学生对专业发展的认识，将理论知识与专业实践相结合，丰富了专业引论课程，是达到工程教育专业认证标准的有效途径。

对于专业引论课程的教学，不同于以往的灌输式教学方法，同济大学提出基于学生兴趣与教师理想的“轨道交通系统引论”课程教学改革，旨在提高学生对引论课程的学习兴趣。对于校外资源融入课程教学，广东工业大学面向工程专业人才的培养需求，整合校内外资源开展协同育人模式；重庆邮电大学面向基于产出导向教育理念，探讨了卓越工程师校企联合培养机制的评价与改进；安徽理工大学介绍了测绘工程专业在发挥校外资源作用上的一些探索，包括校外专家参与培养方案制订、教育教学改革和实践教学环节。可见，国内高校已经积极地将校外资源融入教育教学过程，但现有文献主要从宏观角度探索校内外资源整合的教学改革方式，专门针对专业引论课程引入校外资源的教学探索仍然较少。

为此，本文以“轨道交通系统引论”为例，提出引入校外资源丰富专业引论课程教学。“轨道交通系统引论”是同济大学交通运输专业的专业基础课程，同时也是面向交通工程专业的专业选修课程，其课程要求是使学生了解轨道交通系统的基本知识，了解轨道交通技术的最新发展趋势,具备分析轨道交通系统运输管理问题的基本能力。通过校企联合教学、设立专业讲堂、案例分析汇报等教学方式,将课内知识教学与课外实践学习融合,培养学生对专业内容的兴趣,拓展学生对专业发展的认识,提高学生分析专业问题的能力,对专业知识融会贯通。

2　教学探索与实践

2.1　校企联合教学

"轨道交通系统引论"作为交通运输专业的专业基础课程,在教学体系中占有重要地位,对学生专业素养与专业兴趣的培养起着关键作用。校内教学以轨道交通系统(铁路运输、城市轨道交通等)为对象,全面介绍系统的基本概念、专业知识(包括车、机、工、电、辆)及运输管理方法等。然而,校内教学仅以理论知识为主体,教师对轨道交通的运输生产实践问题及解决方法、轨道交通系统的发展现状及方向等方面的认识和经验不及校外企业的资深专家。

因此,为了激发学生对专业的兴趣,拓展学生对轨道交通系统发展现状的认识,增强学生的就业竞争力,本课程邀请校外企业的资深专家参与教学工作,实现校企联合,提升课堂教学质量与水平。参与授课的企业专家具有丰富的实践或研究经验,来自交通运输行业的相关部门。例如:利用与上海铁路局、上海申通地铁之间的校企合作资源,邀请校外专家进入课堂进行专家授课(每期 2 人次、4 课时),如图 1 与图 2 所示。

图 1　上海申通地铁集团公司专家参与授课

图 2　中国铁路上海局集团公司专家参与讲堂

通过校企联合教学,将轨道交通系统理论知识的传授与实践经验的分享结合,提升专业知识的时效性、应用性与前瞻性,使学生了解轨道交通行业的新发展、新需求,加深学生对专业知识的理解。

2.2　设立专业讲堂

"轨道交通系统引论"课程负责人在所在的运输管理工程系支持下,于 2017 年创立交通运输工程学院"同路人论坛"分论坛——"运输与物流讲堂"。讲堂主要聚焦交通运输和物流工程两个专业领域,以至少每月(寒暑假期除外)举办一期的频率,采取以学术报告讲座为主,论坛、沙龙、研讨会等多种形式穿插其中的方式,邀请来自国内外高校、科研院所、企事业单位等有学术水平和影响力的专家、校友来堂开讲。

为了充分利用“运输与物流讲堂”中的校外资源，“轨道交通系统引论”课程班级的学生可以参与听讲。讲堂内容涉及国内外轨道交通行业的新方法、新理念、新特点，部分研究介绍了轨道交通系统与AI、大数据、区块链等新技术的融合发展，有利于学生开拓学术视野、了解轨道交通系统的发展现状和趋势、启迪思维智慧。

2.3 案例分析汇报

为了使学生真正参与课堂教学，发散学生思维，提高学生的创新能力和实践能力，“轨道交通系统引论”课程采取以学生为主体的案例分析教学模式，以案例将轨道交通系统的相关知识融会贯通（涉及车、机、工、电、辆），并在课堂上安排学生汇报。

在案例题材的设计过程中，本课程邀请校外现场资深人士参与案例的取材、整理与设计等全过程。校外专家可以为课程案例提供调研现场一线的素材资源，不仅使学生深入地了解理论知识在轨道交通系统现场的运用情况，还能培养学生解决实际专业问题的能力。通过制作案例PPT，学生可以在调研现场情境下，将课堂知识融会贯通，积极思考现场存在问题的解决方法。此外，邀请校外专家参与学生案例分析的汇报，对学生的汇报进行点评指导，并提出相应的改进建议。

3 教学实践效果

通过引入校外资源，“轨道交通系统引论”课程的教学实践取得了如下阶段性成果：

（1）改革了授课模式，利用校企合作资源，邀请校外企业的资深专家进入课堂进行专家授课（每期2人次、4课时），实现校企联合教学，提升了专业知识的时效性、应用性与前瞻性。

（2）创立了“运输与物流讲堂”，现已成功举办20余次，讲堂聚焦国内外在交通运输专业领域的新方法、新理念、新特点，开拓了学生的专业视野。

（3）采用了以学生为主体的案例分析教学模式，邀请校外专家参与案例题材设计及学生汇报案例分析的过程，培养了学生在实际问题背景下，将专业知识融会贯通的能力。

以上举措极大地丰富了专业引论课程教学，拓展了学生在专业领域的视野，为后续专业课程及实习实践课程打下了较好的专业基础。

4 结语

同济大学交通运输专业“轨道交通系统引论”的教学探索与实践，通过引入校外资源，采用校企联合教学、创立专业讲堂、案例分析汇报等教学方式，取得了较好的教学效果。校外专家参与课堂教学，给学生分享其丰富的现场实践经验，使学生了解专业的发展动态；学生聆听专业讲堂，了解专业领域的最新发展与研究近况，拓宽专业视野；依托校外专家提供的案例素材，学生进行案例分析并制作PPT进行汇报，系统地运用所学理论知识。在后续教学的探索与实践工作中，将继续探索引入校外资源丰富专业引论课程教学的教学方法，进一步丰富教学实践成果。

参考文献

[1] 朱炜,叶玉玲,李雅楠. 基于学生兴趣与教师理想的轨道交通系统引论课程教学改革探索[J]. 教育教学论坛,2019(06):101-103.

[2] 成思源,杨雪荣,沈彬,等. 面向工程专业人才培养的协同育人模式探索[J]. 实验技术与管理,2020,37(01):225-229.

[3] 朱江,余艳英,唐宏,等. 基于 OBE 的卓越工程师校企联合培养机制评价与改进[J]. 科教文汇(中旬刊),2020(01):1-3.

[4] 赵志根. 发挥校外资源作用促进工程专业教育[J]. 教育教学论坛,2018(14):46-47.

工程教育认证视野下有关研究生能力的三对关系的辨析

李淑明

（同济大学　交通运输工程学院，上海，201804）

摘　要　研究生培养方案的顶层设计的重中之重，是确定能力要求。本文解析了研究生能力的三对关系——本科生能力和硕士生能力、博士生能力和硕士生能力以及学术型研究生的能力与工程型研究生的能力。硕士研究生的能力要求和本科生的能力要求相呼应，仅在专业知识和方案设计两个方面要求更高。和硕士生相比，博士生研究的是工程问题背后隐含的科学问题，因而知识的学习深度和问题的解决难度都相应增加，创新性也相应增强。学术型研究生与工程型研究生的能力要求并无本质差异。学术型研究生的研究主题侧重于理论性，研究结果宜用学位论文和期刊论文的方式来呈现；工程型研究生的研究主题则侧重于应用性，研究结果宜用学位论文和工法/专利/应用报告的方式来呈现。

关键词　工程教育认证；研究生；能力

工程教育认证的系统论思想，要求围绕着能力进行研究生培养方案的制订和修订，并且应将目标、设计和评价统一考虑。

培养方案是围绕培养什么样的人这一目标而制订的方案。培养方案首先描述对人才的愿景，确定出培养目标；然后详细描述要培养什么样的人，明确培养标准，最后围绕着培养标准组织课程，形成人才的培养方案。在上述培养方案的制订过程中，就要考虑如何评价的问题。最后实施课程，根据课程的教育目标进行课程知识的教与学，使得学生的学习结果与课程的教育目标一致，从而实现人才的培养目标。

首先由培养目标来描述培养什么样的人。培养目标被自然地分解为数个子目标，子目标可以是相互独立、不关联的。但是对于人这一特殊培养对象，子目标通常不能保持相互之间的独立性。培养目标应结合学校、学院和行业的育人期望来确定。这里，学校和学院是一家，其期望是相似的，而行业的育人期望可能与学校有较大的差异。但是，学生从学校毕业后，最终要进入社会、从事某种行业。因此，需要广泛咨询和沟通行业专家的意见，确定出符合国家、社会和学校需求的培养目标。不过社会的期望容易急功近利，学校需要立足长远，着眼于全局和未来。

培养目标是对拟培养对象的特性的文字描述，还不具有可操作性，需要被分解为各种能力/培养标准，用于指导教师确定课程的教学目标。培养目标只有逐步分解，直至转变为具体的课程教学目标，培养方案这个蓝图规划才能转变为施工图纸。课程教师照图施工，贯彻课程的教学目标实施教学，并由学生达成学习目标后，方能实现培养目标。从这里可以看出，在培养目标—能力要求—课程体系这个三层的关系中,能力要求居于核心地位,起到承上启下的作用。

这里要特别注意,课程的能力要求不能照搬研究生培养的能力要求。课程的能力要求实际上是课程的教学目标。依据科学的教学论,课程的教学目标应遵循三项基本原则:①陈述预期的学生学习的结果;②力求明确具体,可以观察和测量;③符合学科知识的特有分类框架。课程的能力要求,不能简单地复制研究生能力要求,需要教学专家和学科专家协同工作,对研究生能力要求做进一步的细化。

培养目标被分解成能力要求,然后能力要求又被分解到各类课程,至此,培养方案的三个核心要素:培养目标、能力要求(培养标准)和课程体系,被制订出来。这样自上而下地的系统设计,被称之为顶层设计。再根据学校对培养方案的其他要求,例如添加毕业学分和必修/选修等,一个完整的培养方案就出炉了。

从上述培养方案的设计过程可以看出,能力要求上承培养目标,下接课程体系,处于核心地位。在确定各类研究生的培养方案之前,首先需要确定研究生的能力要求。本科生和硕士研究生的能力要求有何关联?硕士研究生和博士研究生的能力要求有何关联?学术型和工程型的研究生的能力要求有何关联?本文对研究生能力要求的这三对关系,进行了初步的探讨。

1 研究生的能力要求与本科生的能力要求相呼应

研究生首先是选拔出的优秀的本科毕业生。与之对应的,硕士研究生的招生,应考虑测试本科生的能力要求是否优秀。本文不涉及具体的招生环节,暂不对招生时的测试环节和效果作详细评价。研究生阶段的深入学习,是对本科生全部或某些能力的提升。借鉴英国的培养标准,研究生的培养应注重培养专业的深度(复杂工程问题和不熟悉问题,多种解决方法)、专业的广度(广泛的工程材料、构件和结构)和专业的先进性(新技术和新兴技术)。为此将“创新”和“国际视野”两项能力单列,并把“环境和可持续发展”并入“工程与社会”,共形成13条研究生的能力要求,见表1。表1用黑体字突出显示与本科生的区别。本科生的能力要求,是由工程教育专业认证(CEEA)提出的。

研究生的能力要求　　表1

<table>
<tr><th>编号</th><th>关键词</th><th>本科生的能力要求</th><th>研究生的能力要求</th></tr>
<tr><td>1</td><td>工程知识</td><td>A1 工程知识:能够将数学、自然科学、工程基础和专业知识用于解决复杂工程问题</td><td>B1 工程相关的数学、自然科学与专业知识的学习与综合理解能力</td></tr>
<tr><td>2</td><td>工程问题分析</td><td>A2 问题识别:能够应用数学、自然科学和工程科学的基本原理,识别、表达并通过文献研究分析复杂工程问题,以获得有效结论</td><td>B2 具有综合应用工程原理分析、识别和表达复杂工程问题的能力</td></tr>
<tr><td>3</td><td>方案的设计与开发</td><td rowspan="2">A3 设计/开发解决方案:能够设计针对复杂工程问题的解决方案,设计满足特定需求的系统、单元(部件)或工艺流程,并能够在设计环节中体现创新意识,考虑社会、健康、安全、法律、文化以及环境等因素</td><td>B3 综合运用工程知识和专业理论,针对复杂工程问题独立设计有效的解决方案,并理解其局限性</td></tr>
<tr><td>7</td><td>创新</td><td>B7 熟悉本专业前沿、现状和发展趋势。具有提取和评估相关数据并运用工程分析技术求解不熟悉问题的能力,或具有使用基础知识研究新技术的能力</td></tr>
</table>

续上表

编号	关键词	本科生的能力要求	研究生的能力要求
4	实验的设计、实施及分析	**A4 研究**:能够基于科学原理并采用科学方法对复杂工程问题进行研究,包括设计实验、分析与解释数据,并通过信息综合得到合理有效的结论	B4 针对具体工程问题,独立设计和实施工程实验,并科学地分析和处理数据,得出可验证的实验结论
5	现代工具应用	**A5 使用现代工具**:能够针对复杂工程问题,开发、选择与使用恰当的技术、资源、现代工程工具和信息技术工具,包括对复杂工程问题的预测与模拟,并能够理解其局限性	B5 与本科生要求相同
6	工程与环境	**A6 工程与社会**:能够基于工程相关背景知识进行合理分析,评价专业工程实践和复杂工程问题解决方案对社会、健康、安全、法律以及文化的影响,并理解应承担的责任 **A7 环境和可持续发展**:能够理解和评价针对复杂工程问题的专业工程实践对环境、社会可持续发展的影响	B6 了解与本专业相关的职业和行业的生产、设计、研究与开发、环境保护和可持续发展等方面的方针、政策和法律、法规,能正确认识工程对经济、环境、健康、安全、可持续发展、法律以及文化的影响,并理解应承担的责任
8	人文素养和职业道德	**A8 职业规范**:具有人文社会科学素养、社会责任感,能够在工程实践中理解并遵守工程职业道德和规范,履行责任	B8 与本科生要求相同
9	个人和团队	**A9 个人和团队**:能够在多学科背景下的团队中承担个体、团队成员以及负责人的角色	B9 与本科生要求相同
10	沟通	**A10 沟通**:能够就复杂工程问题与业界同行及社会公众进行有效沟通和交流,包括撰写报告和设计文稿、陈述发言、清晰表达或回应指令。并具备一定的国际视野,能够在跨文化背景下进行沟通和交流	B10 能够就复杂工程问题与业界同行及社会公众进行有效沟通和交流,包括撰写报告和设计文稿、陈述发言、清晰表达或回应指令
13	国际视野		B13 具备一定的国际视野,能够在跨文化背景下进行沟通和交流
11	项目管理	**A11 项目管理**:理解并掌握工程管理原理与经济决策方法,并能在多学科环境中应用	B11 与本科生要求相同
12	终生学习	**A12 终生学习**:具有自主学习和终生学习的意识,有不断学习和适应发展的能力	B12 与本科生要求相同

在终生学习方面,由于我国教育的现状,刚刚进入大学的学生很少具备终生学习的意识,其学习方式也是被动接受式。因此本科生的培养应注意改变业已形成的“好学生”的定义,“好学生”不是“学得好”,而是“好学”的“学生”,“是具有强烈好奇心的、好问且能问出有意思问题且能够独立思考的学生”。

与本科生相比，随着学习的深入，研究生对专业知识的认识更全面，能更加综合地应用专业知识；面对复杂的工程问题，能清楚地认识到问题及其解决方案的局限性，并批判性地看待解决方案。研究生的科学探索更自由，自己能支配的时间更多，因而可以独立并完整地管理一项研究，从而增强项目管理的能力，对自主学习和终生学习体会更深。

表1中列出的能力要求，适用于所有类型的硕士研究生，包括工程型和学术型。

2 硕士研究生与博士研究生的能力区别在于所研究的问题

本文认为，和硕士研究生相比，博士研究生需要在专业知识方面找准方向，更加深入；对问题的提炼要求更高，希望能提炼出工程问题背后隐含的科学问题。通俗地来说，博士学位论文所探讨的问题应该更基础，或者说有一定的理论方面的突破。硕士生和博士生的能力对比见表2。表2中的能力编号与表1保持一致，且仅仅列出有差异的能力要求项，即知识、问题分析、方案、创新、国际视野和管理。显然，正是由于学习阶段拟解决的问题的要求变化了——从工程问题转变为工程问题背后的共性问题（科学问题），从而导致与问题相关的知识储备、问题分析和方案设计要求随之改变。更高的创新和国际视野要求实质上也是解决科学问题的必然要求。

硕士研究生和博士研究生的能力要求差异 表2

编号	关键词	硕士研究生的能力要求	博士研究生的能力要求
1	知识	**工程知识**：工程相关的数学、自然科学与专业知识的学习与综合理解能力	**专业知识**：对**所研究领域**知识的把握和理解
2	问题分析	**工程问题识别**：具有综合应用工程原理分析、识别和表达复杂工程问题的能力	**科学问题分析**：能通过文献调研、工程实践等多途径**提炼**出科学问题
3	方案	**设计/开发解决方案**：综合运用工程知识和专业理论，针对复杂工程问题独立设计有效的解决方案，能理解其局限性，并获得批判性的结论	**设计/开发研究方案**：综合运用工程知识和专业理论，针对科学问题独立设计有效的研究方案
4	创新	熟悉本专业前沿、现状和发展趋势。具有提取和评估相关数据并运用工程分析技术**求解不熟悉问题**的能力，或具有使用基础知识研究新技术的能力	知道创新性成果的定义，并实现研究成果的创新
11	国际视野	具备一定的国际视野，能够在跨文化背景下进行沟通和交流	具备较宽的国际视野
12	管理	**项目管理**：理解并掌握工程管理原理与经济决策方法，并能在多学科环境中应用	**个人管理**：能合理地规划科研计划，执行过程中能及时地调整和改进计划，在规定时间内完成科学研究

3 学术型研究生与工程型研究生的能力要求无差异

学术型研究生与工程型研究生的能力要求并无太大差异,这一点,通过分析13项能力要求之间的关系即可看出。

无论是本科生还是研究生,能力要求的核心是解决复杂工程问题。解决问题首先需要识别、发现问题(B2)。在这个阶段,对文献的调查和分析能力是很重要的素质。明确工程问题后,工程师利用自己的专业知识(B1)会提出数个解决方案(B3)。解决方案的设计不能只关注技术性、经济性和施工便利性,还需要考虑工程的环保性和社会影响。由于是复杂问题,多数方案都存在非标准的环节,因此需要采用适当的研究方法来开展研究(B4),以期找到有效的解决方案。研究生阶段的研究过程,需要体现创新性(B7)。"研究"能力可具化为"实验"能力。这里的实验不仅仅是实验的设计,还包括实验实施完毕后数据的分析和解释,以及相关信息的综合。问题的提出,解决方案的设计,实验的设计、实施和分析,这些过程都离不开现代工具的使用(B5)。

"环境和可持续发展"与"设计/开发解决方案"都强调了工程实践和工程结构对社会环境和自然环境(B6)的影响。中国的高校不缺数学、自然科学和工程专业知识的相关课程,唯独缺乏针对工科的环境和可持续发展的课程。工程对社会和环境的影响,是分散在专业课程中讲述的。只有将各类工程的环保和可持续发展特征提炼出来并开设课程后,"环境和可持续发展"的能力要求方能得到直接的课程支撑。"工程管理(B11)"也有同样的问题。

除了与工程问题有关的前八项能力要求之外,其余的四项能力要求——"职业规范(B8)""个人和团队(B9)""沟通(B10)"和"终生学习(B12)"都是可迁移的技能要求,无论理工科还是文科,无论从事哪个职业,都需要具备这些基本素质。其中,"个人和团队"这个要求比较特别。只有通过团队合作的工作方式,才能培养和考察团队能力。这意味着学生需要有团队合作的经历。CEEA对"个人和团队"的解释如下:"能够在多学科背景下的团队中承担个体、团队成员以及负责人的角色。"首先团队是多学科背景,这意味着跨学科、跨院系的团队合作。个人在团队中不仅仅是团队成员,还要是负责人。如果CEEA想让每位同学都做团队负责人,则这样的提法是不合理的,要求过高。一个团队中只能有一个负责人。《华盛顿协议》中的说法更妥当和合理:"在不同的团队或多学科环境中,有效发挥个人作用,并有效发挥团队成员或领导的作用"。这样允许高校根据自身情况加以选择。每位同学都有团队负责人的经历是可以实现的,但需要学校付出更多的精力和财物支撑。

可以根据目标的不同,将13项能力要求划分为两大类。一类是解决工程问题的能力要求,包括专业知识、识别问题、解决方案、实验设计、创新、工具应用、环境要求以及个人和团队,可称之为专业能力。另一类是传递和实施问题解决方案的能力要求,包括沟通、国际视野和项目管理,可称之为通用能力。终生学习的意识,无论在解决工程问题阶段,还是传递和实施问题解决方案阶段都需要。终生学习也是通用能力的一种。

同为研究生,无论是学术型还是工程型,无论是博士生还是硕士生,都是在学习阶段利用所学知识识别出工程问题后,开展创新性的实验研究,并得到对环境影响最小的解决方案。这期间需要与同伴、同行和专家清楚、顺利地交流、讨论,需要选择适合的现代工具,需要博览群书,需要自制,即有效地管理自己的时间。从人才所需的能力来看,能力要求是一样的。学术型和工程型的不同之处在于其研究主题的理论性和研究结果的表现形式。

学术型研究生的研究主题侧重于理论性,研究结果宜用学位论文和期刊论文的方式来呈现;工程型研究生的研究主题则侧重于应用性,研究结果宜用学位论文和工法/专利/应用报告的方式来呈现。

4 结语

能力处于人才培养的中心。在"培养什么样的人"这个核心问题上,对人才特色的描述必然涉及知识/能力。从本科到硕士再到博士,拟培养的学生能力项目是不变的,变化的是培养的标准。研究生对问题的理解更加深刻、把握更全面,对问题的解决方案考虑更全面。博士需要提炼和解决工程现象和技术问题背后的共性问题。无论是硕士生,还是博士生,学术型和工程型之间的差别仅在于研究主题的理论性和研究结果的表现形式。工程型研究生的研究结果形式更多样化。

各学科、各专业领域只有清楚地描述出各类研究生的能力差异,才能回答社会对各类研究生的困惑。只有清楚各类研究生的能力差异,方能制订出符合能力要求的课程体系和成果形式,使得各类人才的培养真正地符合既定的培养目标。

参考文献

[1] IEA. Graduate Attributes and Professional Competencies[EB/OL]. http://www.ieagreements.org/IEA-Grad-Attr-Prof-Competencies.pdf. 2014.12.19.

[2] 钱颖一. 大学的改革:第一卷·学校篇[B]. 北京:中信出版集团股份有限公司,2016:41.

研究生培养质量全过程跟踪与反馈机制研究

叶玉玲　赵鸿铎　袁　锟

（同济大学，上海，201804）

摘　要　本文以培养交通运输工程学科一流人才为目标，从教学过程质量监控和毕业生跟踪反馈及社会评价两个部分建立研究生教学质量全过程跟踪机制。通过对老师、学生、用人单位等多方面进行问卷调查和监督评价等方式收集研究生学习、工作各个阶段的数据，再根据全过程跟踪反馈的结果，有针对性地对各个环节提出具体的改善措施，实现在专业认证驱动条件下教学质量的不断提高。

关键词　专业认证；研究生；教学质量；全过程跟踪

1　引言

随着我国经济社会的发展，交通运输业正处在一个前所未有的黄金发展时期。中共十九大明确提出了建设交通强国的创新型国家战略，作为国民经济的基础设施和支柱产业，交通不但起到提高效率以及便捷服务生产和生活的作用，更通过"交通＋"成为经济社会发展的新引擎。以大数据、人工智能和移动互联网及5G等高新技术为代表的工业4.0（第四次工业革命），正在显著地变革着交通运输系统，以新工科为特征的新型人才培养体系也逐步建立。

在此背景下，未来交通人才培养模式面临着巨大的变革。把握新的时代机遇，发展研究生教育、提高研究生教育质量水平是我国经济社会人才战略的迫切需要。开展面向"交通强国"和新时代交通运输工程的研究生教育教学研究，形成以交通特色、人格塑造、强化能力、宽专协同、注重个性为特点的中国模式，需要各方协同努力，教师立德树人，学生多维课堂，资源全面保障。我国要建设一流大学、一流学科，其中一项重要任务就是要积极参与国际教育规则的制定、国际教育教学的评估和认证，切实提高我国高等教育的国际竞争力和话语权。工程教育专业认证作为国际通行的工程教育质量保障制度，是实现工程教育国际互认和工程师资格国际互认的重要基础。它要求专业课程体系设置、师资队伍配备、办学条件配置等都围绕学生毕业能力达成这一核心任务展开，并强调建立专业持续改进机制和文化以保证专业教育质量和专业教育活力。2014年3月教育部印发了《关于加强学位与研究生教育质量保证和监督体系建设的意见》，明确指出要建立研究生毕业前质量反馈和毕业后质量跟踪调查制度，并根据调查结果，提高培养质量。

目前，同济大学已经成立了"同济大学教学质量管理办公室"，负责全校教育教学质量保证体系的运作、教学质量的监督与评估工作。交通运输工程学院也依据学校的质量管理要求，制定了学院教学质量保证体系,各主要教学环节有明确的质量要求;同时,还建立了完善的全日制专业学位硕士毕业生跟踪反馈和社会评价机制,由学院研工办定期组织校友访谈、企业研讨、企业调研、企业和行业专家咨询会等活动,以获取毕业生和用人单位对毕业生的评价情况。但还存在调查形式单一、监督范围不全面、评价指标不够科学以及反馈不到位等问题。

针对以上问题,需要深入监督硕士研究生培养全过程的各个环节,从多方面对研究生教学质量进行反馈和评价,最终形成基于专业认证驱动的研究生培养质量全过程跟踪与反馈机制,不断改进研究生的培养目标、毕业要求、培养环节等方面。这符合专业认证和教育改革的要求,对深化教育教学改革、提高教学质量和毕业生就业质量具有重要意义。

2 交通运输工程学科一流人才的培养目标与标准

2.1 基于内外需求的交通运输工程学科一流人才的培养目标

交通运输工程是研究人和物在一定的"质"和"量"要求下的特定时间和空间的移动,以及实现该移动所需要的基础设施布局与建养、载运工具运用与安全、信息与控制、运营与管理等理论和方法的学科。交通运输工程学科研究生的培养目标需要根据国家社会、用人单位、学生期望的外部需求,以及学校人才培养和办学定位的内部需求两个方面综合考虑。目前交通运输行业人才的需求向多样化、应用型创新人才转变。同济大学人才培养的总体目标为:"引领可持续发展的专业精英与社会栋梁"。

基于外部与内部人才培养的需求,同济大学提出了交通运输工程学科一流人才的培养目标,即坚持社会主义办学方向,立德树人,努力培养新时代中国特色社会主义伟大事业的建设者和接班人。

(1)具有坚定正确的政治方向,热爱社会主义祖国,拥护中国共产党的领导;努力学习马克思主义、毛泽东思想、邓小平理论、"三个代表"重要思想、科学发展观和习近平新时代中国特色社会主义思想体系;具有为人民服务和为祖国富强而艰苦奋斗的献身精神;自觉遵纪守法,有良好的道德品质。

(2)具有实事求是、勇于探索和创新的科学精神。

(3)具备"匠心精神、创新能力、精湛专业、国际视野"的高层次人才。具有严谨求实的科学态度和作风,熟悉本学科的现状、发展趋势和学术研究前沿,掌握本学科坚实的基础理论和系统的专业知识,具备承担道路工程、铁道工程、机场工程、城市轨道交通、交通运输规划与管理、交通信息工程及控制等领域科学研究、技术开发、专业技术或管理工作的突出能力。

(4)至少掌握一门外国语,能熟练地阅读本专业的外文资料,具有应用外语开展学术研究和进行国际学术交流的能力。

(5)身心健康。

2.2 交通运输工程学科一流人才的培养标准

本专业一流人才的培养目标,可进一步分为三个子目标:①知识;②职业素养;③能力(专业技术、组织与管理能力、创新能力)。根据国家工程教育专业认证要求,结合本专业一流人才培养目标中涵盖的内容,把三项子目标展开细化,可以进一步总结出交通运输工程一流人才必须达到12项要求,即人文素养和职业道德,工程知识,工程问题分析,实验的设计、实施及分析,工程设计与开发能力,现代工具应用,创新能力培养,工程与社会,个人和团队,沟通与协调,项目管理和终身学习能力。

3 研究生教学质量全过程追踪和反馈机制

3.1 教学质量全过程跟踪与反馈机制构建

研究生教育工作是培养学科一流人才的重中之重。对研究生教学质量进行全过程跟踪和反馈,就要对研究生的课程学习、科研能力、实习表现、毕业论文、毕业去向以及毕业后的工作能力等涉及教学质量的因素进行全面的信息收集与分析。然后对照交通运输工程学科一流人才的培养目标与标准,评估研究生的教学质量。最后根据追踪反馈的信息,及时发现研究生培养过程中存在的问题并不断改进,以符合专业认证的要求,不断提高教学质量。本文认为对于上述各环节的检验应从教师、在校生、毕业生和用人单位等多方面综合考虑,建立研究生教学质量全过程跟踪与反馈机制。

研究生教学质量全过程跟踪与反馈机制主要由研究生学习过程跟踪与评价、教学过程质量监控、毕业生跟踪反馈及社会评价等部分组成。教学过程质量监控要求对研究生各主要教学环节有明确的质量要求,通过对教师和学生两个方面的监督调查,评估各教学环节的达成质量。毕业生跟踪反馈和社会评价是对培养目标的达成情况进行定期分析,从侧面反映研究生的教学质量水平。研究生教学质量全过程跟踪与反馈机制的主要系统结构如图1所示。

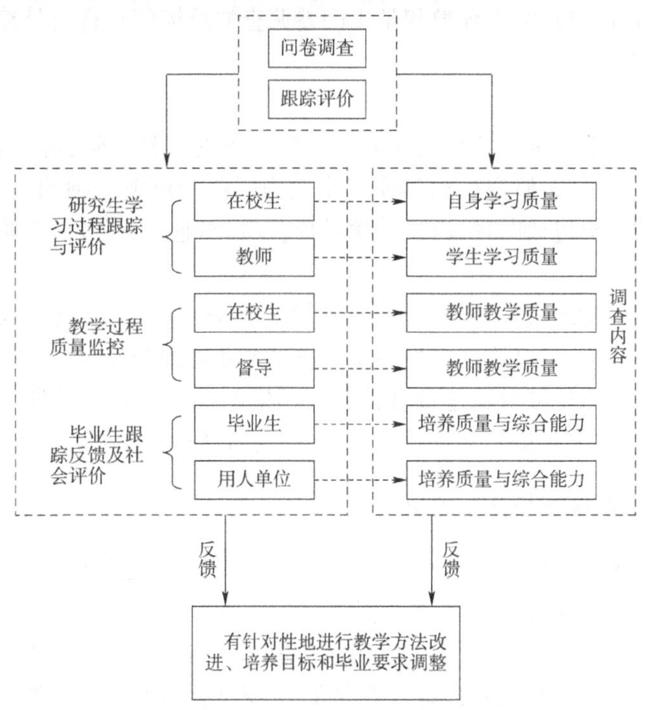

图1 研究生教学质量全过程跟踪与反馈机制结构

研究生教学质量全过程跟踪与反馈机制通过对教学质量的监控和一系列教学文件、机制的约束和激励，在各教学环节的校内外教学质量跟踪反馈及考核评价基础上，实现对专业教学过程各环节的监控、管理、评价、反馈、改进，从而不断提升专业的教学质量水平，确保各环节教学活动高质量地完成与学生培养目标的高满意度实现。

3.2 研究生学习过程跟踪和评价

对研究生在整个学习过程中的表现进行跟踪与评估，可以使教学质量的追踪具体到个体，更加详细和具有针对性，也更便于找到教学过程中存在的问题，以便采取改进措施。教师对于学生整个学习过程的跟踪和评价，按照课程学习、论文开题、中期考核、实习、毕业论文各环节进行。

毕业要求达成度评价方法包括采用基于课程(教学环节)目标达成度的成绩分析法(客观评价)和问卷调查法(主观评价)。成绩分析法基于研究生教学各环节对学生的考核结果数据展开评价。问卷调查法基于学生问卷调查的结果展开评价，问卷主要针对交通运输工程专业一流人才的12个培养标准，调查各教学环节对毕业要求的支撑情况。

3.3 研究生教学全过程质量监控

建立研究生教学过程质量监控机制，研究生各主要教学环节都有明确的质量要求，质量管理依据教学质量标准对教学的主要环节实施管理。包括教师任课资格及条件、培养方案的制订、课程教学大纲的编制、课程教学进度计划、课堂教学、课程考核、专业实践、论文开题、中期考核、论文答辩等，并定期开展教学质量评价。对各环节的质量监控主要通过对学校和学院督导的监管，以及学生评教和学生问卷调查的反馈信息进行持续改进，不断完善研究生教育教学的质量。

(1)学生评价

学生对于教师教学质量的评价是对教师教学过程的一种监管，可以有效地反映教学各环节的质量和达成水平，是研究生教学质量全过程跟踪与反馈机制的一个重要环节。学生对老师教学质量的评价包括课程设置、教学过程、课后作业、课程考核等阶段的具体环节。

(2)督导监管

对于教师教学质量的监管，主要应通过督导监管来实现。教师教学的每一环节都应保证规范完成，落实到位。只有这样学生的学习质量才能得到保障，这是教学过程质量监控的重中之重。教师教学质量可以通过日常监督或不定时抽检对教师备课情况、授课水平等方面进行监督与考核，主要包括教学设计、教学过程、课后作业、课程考核等方面的内容。

3.4 毕业生跟踪调查与社会评价

外部社会用人单位和毕业研究生的信息反馈对提高研究生教育教学质量有着重要作用。学院研工办通过定期组织校友访谈、企业研讨、企业调研、企业和行业专家咨询会等活动，可以获取毕业生和用人单位对毕业生的评价情况。结合反馈评价机制的结果，关注学生的综合能力、职业发展、本专业社会需求等方面，发现学生培养过程中的优势和不足，对培养目标和毕业要求进行有针对性的修改和调整。这使得教学质量追踪不仅仅限于校内，而是注重教学对于学生自身能力的终生影响,真正实现“全过程跟踪与反馈”。

(1)毕业生反馈

通过网络发放问卷的形式对交通运输工程各个方向毕业两年的硕士研究生进行课程重要度和满意度的调查、研究生培养各环节对各项能力的贡献度以及各项能力对职业发展的支撑,从中发现问题,提出持续改进措施。同时,就毕业生对工作满意程度、所学知识是否实用以及尚欠缺的技能等方面进行调查。毕业生可以结合在校学习过程以及工作经历对研究生教学课程设置、课程内容、实践教学模式等方面提出建议和意见。因此,毕业生调查内容涉及课程总体质量、课程与职业发展的关系、实践教学、能力培养效果等方面。

(2)用人单位评价

定期采用座谈、问卷等方式调查毕业生在岗位上的适应情况、专业知识的掌握情况以及用人单位对毕业生的评价等,从而了解毕业生就业情况和人才培养质量。通常每 3 年进行一次问卷调查。根据调查结果和平时了解到的情况,分析反思,在培养方案的修订中加以体现。同时,可以与用人单位合作建立多种信息交流平台,以便随时对毕业生进行跟踪调查。除了定期向用人单位发调查问卷进行持续跟踪调查以外,还可以在学生进行企业实习期间,通过走访与问卷结合的方式了解毕业生情况,以便不断发现不足,对教学质量进行持续改进。

4 结语

总而言之,在当前的新时代背景下,衡量研究型大学水平的一个重要标准,就是研究生的培养质量,提升研究生培养质量有着极其重要的意义。在专业认证的驱动下,研究生教育质量的全过程跟踪和反馈,需要从学生、老师、用人单位等多方面进行综合的数据采集和评估,以针对教学培养过程中出现的问题,及时有效地采取改进措施。通过这样的教学过程持续改进机制,才能不断地深化教育改革,提高研究生教育质量,培养交通运输工程学科一流人才,为国家和社会经济发展做出贡献。

参考文献

[1] 叶玉玲,刘佳林. 基于工程教育专业认证的交通运输专业课程体系建设[J]. 教育教学论坛,2019(03):143-145.

[2] 叶玉玲,贾咏明,叶霞飞,等. 交通运输领域专业学位研究生培养方案分析[J]. 教育教学论坛,2018(15):39-40.

[3] 叶玉玲. 基于卓越工程师教育培养计划的交通运输专业实践教学体系研究——以同济大学为例[J]. 教育探索,2017(04):56-58.

现有院校二级管理存在的主要问题及对策分析

李淑明　雷　杰

（同济大学　交通运输工程学院，上海，201804）

摘　要　针对国内普遍实行的院校二级管理存在的问题，现有文献提出的解决办法多是宏观的、指导性的措施。本文通过梳理研究生事务，发现现有院校二级管理存在的主要问题是二级单位的工作办法和工作流程缺失或不详。对此，建议学校列出教学管理事务清单，并逐一审查二级单位的工作细则/工作办法。二级单位的工作办法需要清楚地描述各项工作的流程，且每一步要写明任务、负责岗位及人员、工作时间、地点和归档材料，还要有清晰的工作流程图。清晰、完备的工作流程，如果再利用网上办公系统实行无纸化办公，将为以后制订科学的绩效考核指标奠定基础。

关键词　院校二级管理；主要问题；工作流程

2017 年 12 月，同济大学发布了《同济大学一流大学建设方案》，提出要“推进校院两级管理改革，实现学院实体化运作”等完善内部治理结构的改革任务。下面通过文献调查分析简要归纳目前我国高校在校院二级教学管理模式方面普遍存在的一些问题。

在中国知网、万方数据知识服务平台上可查到关于“研究生”和“二级管理”的上千篇文献，但这些文献都大同小异。教育工作者普遍认为二级管理模式存在的问题有校院的职责划分不够明确、工作人员的管理/服务水平不高、制度不完善等，但对于这些问题，绝大多数文献提出的解决办法都是宏观的、指导性的措施，例如“明确学校与学院的职责分工”“建立健全研究生培养管理制度”“建立院校二级研究生管理的信息服务平台”“建立健全考核评价体系，定期对研究生教育管理人员进行工作考核”“建立奖惩制度，对优秀研究生管理者进行奖励，对办事不力的人员进行批评教育”等。很难看到院校针对这些二级管理问题的可操作、可复制的实际举措。少数文献提出的措施，例如“将整个研究生培养过程明朗简单化。尽可能避免管理环节上的重复性和管理工作中的重复劳动。学院可以根据培养过程各个环节的具体流程进行操作，参照的各项文件、所需的各种表格都要做到可以从网上得到”，与课题组拟提出的一些具体举措不谋而合。

有的文献提出了校—院—学科的三级管理模式，而且这里的学科不是二级学科，指的是一级学科。但是学科并不是一个行政单位，院系才是。一级学科中的人员，也就是整个学院或者某个系的全体人员。所谓的校—院—学科三级管理，实质上还是校—院二级管理。也有文献提出“学校—学院—学生自主”的三级管理模式，“研究生部根据学院研究生教学管理事务的分类，下设团建、党建、学工、科研、教学、勤工助学、志愿者等多部门，并明确、细化分工，适当参与研究生各项管理工作”。在现有体制下，责权尚未划分清楚，绩效考核流于形式，再增加一个由学生自主管理的研究生部，显然并不明智。陆育增提出了基于企业的标准作业程序(Standard Operation Procedure，SOP)理念进行高职院校二级管理。SOP 的理念和具体的流程对于本文的研究工作很有启发。

“SOP 是一种标准化的、可操作的作业程序，它的理念精髓在于将作业程序的关键点进行细化、量化，还在于它的标准是经过实践总结出来的，是可持续优化的……当前部分高职院校二级管理中缺乏标准化管理运行流程，或者流程设计中没能把握关键节点，实际管理运行中出现返工现象严重，数据采集不及时不全面等问题，造成工作效率不高，工作失误多，工作诊断和绩效考核缺乏依据等问题。”按照 SOP 理念，具体的工作流程为四步：①“依部门职能对工作内容进行一级分类，再进行岗位梳理”；②“根据工作岗位梳理岗位职责内容和执行文件依据，再进一步细化梳理出具体工作任务”；③“对应具体工作任务逐一梳理出工作任务的具体实施流程”；④“根据文件要求或工作任务要求梳理数据采集关键点”。根据这四步的工作，最终形成一个二级管理的 SOP 表和多个具体工作任务的数据采集表，分别如表 1 和表 2 所示。

院校二级管理学生管理工作 SOP 样表 表 1

工作内容(Ⅰ级)	工作岗位	岗位职责(Ⅱ级)	执行文件依据	具体工作任务(Ⅲ级)	实施流程	数据采集关键点
学生管理	学生科长	就业管理	《关于组织××届毕业生参加就业指导讲座的通知》	就业指导	如：指定就业指导工作方案；开展就业指导培训……	部门名称、专业、年级、人数、日期、主题、方式、指导教师
学生管理	学生科长	就业管理	……	企业招聘		

某学校就业指导统计表 表 2

序号	部门名称	专业班级	人数	日期	主题	方式	指导教师	备注
1	交通运输工程学院	2018 级	200	20200301	讲座名称	讲座	讲座人+邀请人	讲座需要有签到记录

表1已经列出了每一项工作任务的具体实施流程。在实际管理中,可仿照本校已有的网上办公(OA)系统,将所有的工作流程实现网上办理。这样的好处是可以统计出每一位工作人员的工作时间和工作效率,便于后期对岗位职责进行优化调整以及考核。

显然,在校院二级管理中引入SOP理念并实现远程办公,将“精简优化流程,提高工作效率和管理服务水平……利于培养职业化习惯,提高管理人员职业素养水平……关键工作环节紧扣,避免工作环节疏漏而出现工作失误……在标准操作中引入数据采集设计,有利于开展工作诊断和绩效考核”。

本文将基于SOP理念,以本校二级教学管理现有工作为例进行教学管理细节的梳理,找问题,寻对策。主要根据《2018研究生手册》(以下简称《手册》)和学校网站上公布的研究生院各职能部门的工作职责信息,梳理了各项研究生事务的工作流程。

1 现有教学管理工作中的问题分析及改进建议

(1)对现有教学管理事务的分析

笔者根据《手册》整理出了50多项研究生教学管理事务,发现主要存在的问题是:二级单位的教学管理工作缺少详细的管理工作细则和管理工作流程。已经梳理的50多项研究生教学管理事务以及其他未被梳理的教学管理事务,除了极个别完全由研究生院负责且不太需要学院配合的工作,例如入学资格的审查、复查和保留之外,学院都大多未明确各项事务的详细工作流程。

教学管理工作流程应采用文字配合流程图的形式进行表达,且注明工作的五要素:任务、负责岗位及人员、工作时间、地点和材料。有关学生培养的事务,还必须写明考核方式和评价标准。与二级单位相比,一级单位的绝大多数工作建立了工作细则和工作流程,并已体现在手册中。

教学管理工作流程不清晰的问题,表现为什么样呢?下面将列出实例,进行详细阐述。

(2)主要问题的表现和改进

研究生院已经拟定了学籍、课程学习、培养、学位授予、奖励管理等各方面的规定、办法和细则,规章制度比较齐全。但这些大大小小的事务,缺少一目了然的工作流程。这里的工作流程,指的是某件事从发起到结束的全过程。一目了然,指的是每一步都写清楚了负责的岗位及人员、任务、工作时间、地点和材料。以博士生的答辩为例,说明工作流程的问题。

博士生的答辩要经历答辩前的申请、答辩的组织和答辩后的提交三个过程。文中用双引号标出学院制定或提供的工作流程,同时逐步骤进行分析,指出问题和修正措施。答辩工作需要遵守的学校文件是《同济大学学位授予工作细则》(同济研〔2012〕48号)。

根据某学院的文件,目前答辩前的申请流程为:

“(1)答辩前二至三个月进行学位论文隐名盲审2份(注:2份隐名盲审由学院负责,隐名盲审通过后方可进入论文评阅送审阶段)，并根据预审意见作相应修改。”这一步实际上是答辩前的第一个必要条件——盲审通过的时间要素。盲审步骤的其他要素实际在第2步列出。1、2步融合成一个步骤，显得更清楚。

“(2)登陆研究生教育管理信息系统(http://gsinfo.tongji.edu.cn/)申请盲审，由导师在研究生教育管理信息系统(http://gsinfo.tongji.edu.cn/)中审核确认并分配盲审号(盲审抽完后2个月内必须答辩，否则强制盲审；若抽中盲审，需提交……”该步详细告知了如何参加盲审，但是抽中盲审后的流程，缺少负责岗位/责任人和地点。根据学校文件，盲审工作的学院岗位为盲审专员。

“(3)博士学位论文应在答辩前45天被送交5~7位校内外同行专家评阅。同行专家评阅人必须是本学科领域具有教授及相当职称的专家或具有博士生指导教师资格的专家，其中校外专家至少3位，校内专家至少2位；评阅人中校内、外至少各有2位博士生指导教师。申请人的指导教师不可作为同行专家评阅人(答辩相关表格可登录研究生院网站http://gs.tongji.edu.cn下载)。”答辩之前，需要完成学位论文的评阅工作。学位论文的评阅涉及确定评阅专家、传递评阅文件、反馈评阅意见三个步骤。学院的流程并未指出这三个步骤，更遑论步骤的五要素了。

“(4)在学院研究生教务室领取同济大学申请博士学位论文审批表和成绩单，并认真填写学位审批表内相关内容(其中第2页所在院系对申请人在学期间综合表现意见由班主任填写)。”该步缺少负责岗位/责任人，是答辩秘书还是研究生本人去领取？此外，审批表上除了班主任意见，还有导师意见。本步骤实际上至少包括三步。

“(5)研究生教育管理信息系统(http://gsinfo.tongji.edu.cn/)中录入答辩所需相关内容。”

“(6)……系统……中录入科研小论文相关信息(攻读博士学位期间发表论文要求详见《博士学位发表论文要求及期刊会议目录》)。”第6步和第5步都是研究生或答辩秘书的工作，可以合并为一步完成。

“(7)在……系统(http://gsinfo.tongji.edu.cn/)中自行指定答辩秘书(答辩秘书由……人员担任，在读研究生不得担任)，并请答辩秘书确认答辩申请；”答辩秘书在学位论文的评阅阶段就应该确定了。

“(8)携……在研究生院审核前3天至学院研究生教务室审核，若材料不全则不能审核，后果由学生自负。”该步骤缺少负责岗位/责任人。办公地点——研究生教务室可增加房间号码。该步骤可优化为网上审批。

“(9)在答辩日前至少提前一个星期由答辩秘书将博士生学位论文答辩审核材料交研究生院培养处审批，经批准同意方可举行论文答辩。未经批准擅自举行论文答辩，此次答辩无效。”该步骤可优化为网上审批。

根据发现的问题，对上述工作流程进行修改。本文不再叙述修改后的文本，而是绘制出该工作的一般流程示意，如图1所示。图1右上角列出了网址，表明该工作是网上办理，否则在这里列出申请所需的材料。图1便于外部人员了解工作周期。需要多职能部门协作完成的事务，最好绘制跨职能流程图，便于外部人员和各部门人员查看自己的工作任务。

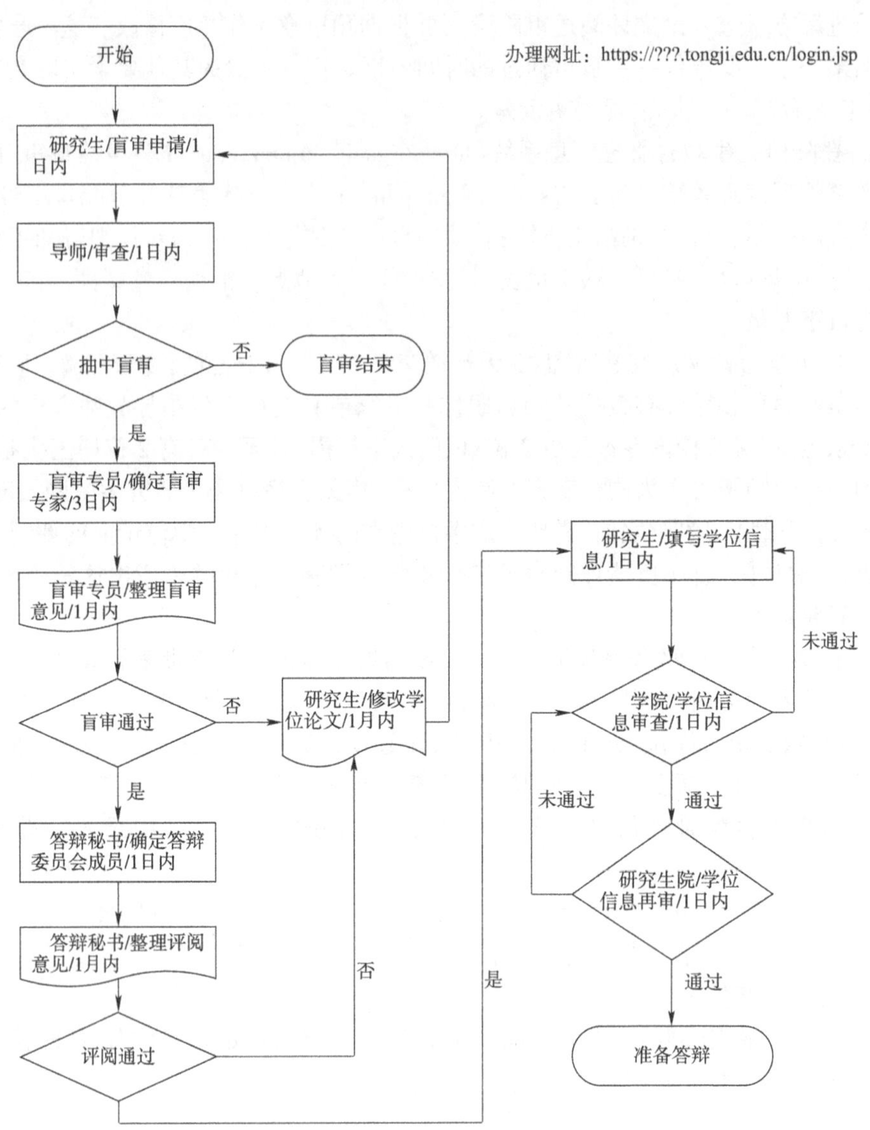

图1　某学院博士生的答辩前申请流程(一般流程)示意图

2　对校级部门的建议

学校是一个有机的整体,每一项工作几乎都需要各部门的联动。对于一个系统,最佳的改革是自上而下,并且需要顶层设计、全员参与。明确了内部每一项事务的评价方式和评价标准,然后持续地优化、提升,学校这个庞大系统的运转自然会高效、顺畅。在这样的改革还没开始之前,每一个部门都可以做的事是:梳理自己的工作流程,并落实到人,明确时间要求,绘制流程图。落实到人,才能统计每个人的工作。明确时间要求,才能初步统计工作量。绘制出流程图,方便师生使用,才能提升师生的满意度。为了便于统计,学校应集中力量开发 OA 系统,将所有的事务都纳入其中,以便未来利用这个现代工具提高自身各方面的工作效率。

就目前情况而言,建议研究生院可以先后开展如下工作:①审查各学院的规章制度;②要求各学院制定《研究生手册》和《教师手册》,《研究生手册》中明确所有由研究生发起的事务的工作流程,《教师手册》明确各项涉及教师的工作要求和过程记录、工作评价办法等;③检查学校层面的研究生各项规章制度,查漏补缺;④修订研究生内部各项事务的流程。在这里,本文只对前两项工作提出建议。

(1)审查各学院的工作细则/工作办法

学校已经将多数事务下放至院系,并要求院系对这些事务制订工作办法。对这些事务,学校通常已经深思熟虑,提出了工作的基本要求,并提出了较为完备、清楚的工作流程。在学校基本文件的基础上,应明确二级单位必须要补充的环节是什么。例如要求二级单位在自己的工作办法中清楚地描述各项工作的流程,且每一步要写明任务、负责岗位及人员、工作时间、地点和材料(五要素);有清晰的工作流程图和工作质量的评价方法。工作质量的评价方法应采用可直接观测的指标,例如服务对象对每一次服务后的满意度、工作人员完成该项工作的时间、教师提供素材的时间等。工作质量的评价是一个持续改进的过程,因此评价方法还必须表明指标的标准和相应的持续改进制度。如果该工作涉及人才培养,需要对研究生做出评定,即学院对研究生的学习给出成绩,例如博士生的中期综合考核工作,除了每一步的五要素之外,学院的工作办法还要明确给定成绩的依据,即考核指标及其标准。此时工作质量的评定还要分析研究生的培养效果。

综上所述,学校在逐一审查二级单位拟定的工作办法时,需要注意以下几点:①符合学校的基本要求;②有和工作流程相符的申请表格模板,网上填写需复制网上表格;③工作流程的五要素齐全;④工作流程图清晰,可参见图1,同时列出一般流程图和跨职能流程图;⑤工作质量(工作人员的工作质量和研究生的培养效果)的评价指标可观测,指标的佐证材料(需归档)有效、齐全;⑥质量标准合理;⑦持续改进方法可行。

(2)制定学院的《研究生手册》和《教师手册》

二级单位制定好各项工作的工作细则之后,方能撰写自己的《教师手册》和《研究生手册》,发放给师生使用。手册主要是各种工作细则汇编。注意针对不同的对象有所取舍,并补充说明。

学校只需要求二级单位将《研究生手册》和《教师手册》的电子版放到单位的网站上即可。手册的下载数据是二级单位服务水平的一个表征,可将其设计为二级单位管理工作的一个客观评价指标。例如设计为研究生下载率和教师下载率:研究生下载率=研究生手册的下载量/在校研究生总数,教师下载率=教师手册的下载量/专业教师总数。

3 结语

通过审视已有的学校和学院的规章制度可以发现,目前校院二级管理模式中,研究生院对于学院的研究生教育教学管理工作多数已经制定了基本细节,无须过多修改,就可以知道该工作的基本流程。二级学院在拿到这些工作办法后,没有在文件中添加详细工作流程所需的人员、地点、提交材料等必要信息,使得工作细则不详和工作流程不清晰。这反映了二级单位缺乏管理的自主权和主观能动性。二级单位照搬一级单位的文件,具体事务的工作办法和工作流程缺失或不详,是现有院校二级管理存在的主要问题。针对这一问题,本文建议学校仔细审查各学院的规章制度。此外,还建议将这些规章制度文件,简化成《研究生手册》和《教师手册》。手册的师生下载数据可用于评价二级单位的管理工作水平。这些举措和建议,都需要相关人员去实施,在实践中得到检验。管理人员和专业教师都应该秉承“一切事物均可测量”的理念,并努力在自身的工作中,尤其是管理工作中,思考和找准能评价自己工作的客观指标。然后做好这些指标的数据(证据)采集工作,定期分析、总结、评价自己的工作质量。只有每个人都投身其中,努力提升自己的工作质量,学校这个系统才会顺畅和高效地运行。

参考文献

[1] 赵阳. 浅析加强研究生二级管理的意义及措施[J]. 改革与开放,2018,22:153-155.

[2] 郭高萍. 目标管理视域下高职院校二级管理改革对策[J]. 当代职业教育,2016,(9):14-19.

[3] 陈君. 关于高校研究生教育二级管理模式的探讨[J]. 科技创新导报,2011,21:210.

[4] 林佳. 二级管理体制下研究生培养质量的关键环节研究——以上海理工大学为例[J]. 当代教育论坛(上半月刊),2009,(6):47-49.

[5] 邵凯隽. 改革研究生教育二级管理工作的几点思索与实践[J]. 温州医学院学报,2009,39(6):631-633.

[6] 王恒亮,宋华明. 研究生教育校院二级管理的难点与对策[J]. 扬州大学学报:高教研究版,2009,(6):73-76.

[7] 安琰,杨林. 校院二级管理体系下学院研究生培养管理模式探讨[J]. 教育教学论坛,2016,28:13-14.

[8] 李俊萍. 新形势下二级学院的研究生培养管理[J]. 黑龙江教育学院学报,2012,31(10):7-8.

[9] 姚槿曦. 关于理顺高校二级管理责权利关系的思考[J]. 教育观察上半月,2017,6(09):35-36.

[10] 聂珍. 浅谈研究生群体特征与二级学院管理对策[J]. 大学教育,2014,(2):22-23.

[11] 钱沁瑛. 论研究生培养教育的二级管理模式[J]. 江南大学学报:人文社会科学版,2005,(10):101-103.

[12] 王振华,赵虹. “双一流”建设背景下研究生校—院—学科三级管理模式的实践——以石河子大学农业工程学科为例[J]. 西部素质教育,2019,5(23):4-6.

[13] 杨艳. 以研究生自主化管理为视角,探索二级学院研究生管理新模式——以华东政法大学×学院为例[J]. 2017,(12):136-137.

[14] 陆育增. 基于理念的高职院校二级管理流程设计初探[J]. 教育现代化,2019,6(34):205-207.